THÉÂTRE SANS ANIMAUX
suivi de
SANS M'EN APERCEVOIR

DU MÊME AUTEUR

AUX ÉDITIONS ACTES SUD

Pièces détachées, Actes Sud-Papiers, 1986.
L'Odyssée pour une tasse de thé, Actes Sud-Papiers, 1987.
La Cuisse du stewart, Actes Sud-Papiers, 1990.
Batailles, avec Roland Topor, Actes Sud-Papiers, 1991 (nouv. éd. 2007) ; Babel n° 978.
Il faut que le Sycomore coule suivi de *Omphalos hôtel* et de *Six pièces minuscules*, Actes Sud-Papiers, 1993.
"Monsieur Monde", in *Théâtre contre l'oubli*, Actes Sud-Papiers, 1996.
Monologues, bilogues, trilogues, Babel n° 286.
Théâtre sans animaux, Actes Sud-Papiers, 2001.
Musée haut, musée bas, Actes Sud-Papiers, 2004, Babel n° 735.
Multilogues suivi de *Dieu le veut*, Babel n° 736.
Monsieur Monde suivi de *Ultime Bataille* et de *Le Sociologue*, Actes Sud Junior, "D'une seule voix", 2008.
Mois par moi, almanach invérifiable suivi de *Almanach de l'auteur dramatique*, Actes Sud-Papiers, 2008.
Voyage hors de soi, photos, 2009.
J'ai encore oublié saint Louis, ou les Nouvelles Aventures de l'histoire de France, 2009.
René l'énervé, Actes Sud-Papiers, 2011.

CHEZ D'AUTRES ÉDITEURS

Les Aventures de l'histoire de France, Ramsay, 1982 (épuisé).
J'ai encore oublié saint Louis, ou les Nouvelles Aventures de l'histoire de France, Presses de la Cité, 1992 (épuisé).
Sursauts, brindilles et pétards, Grasset, 2004.
Je n'aime pas la campagne sauf dans le TGV, elle va plus vite, illustrations de Stéphane Trapier, éditions Xavier Barral, 2006.
Trois pièces facétieuses, Magnard, "Classiques & contemporains", 2010.

EN COLLABORATION AVEC D'AUTRES AUTEURS

Palace, Actes Sud-Papiers, 1989 ; Babel n° 395.
Merci Bernard, Balland, 1984 ; Babel n° 488.
Une magnifique désolation, Les Éditions de l'Amandier-Théâtre, 2003.
Le Rire de résistance, t.I, *De Diogène à "Charlie Hebdo"*, Beaux-Arts éditions, 2007.
Le Rire de résistance, t.II, *De Plaute à Reiser,* Beaux-Arts éditions, 2010.
Brèves de comptoir 3. Une semaine, de Jean-Marie Gourio, adaptation théâtrale de Jean-Michel Ribes et Jean-Marie Gourio, Actes Sud-Papiers / Julliard, 2010.
Coffret Brèves de comptoir, avec Jean-Marie Gourio, Actes Sud-Papiers, 2010.

JEAN-MICHEL RIBES

THÉÂTRE SANS ANIMAUX

Huit pièces facétieuses

suivi de

SANS M'EN APERCEVOIR

Théâtre en morceaux

BABEL

THÉÂTRE SANS ANIMAUX

Huit pièces facétieuses

J'aime les histoires naines qui finissent bien dès le début.

PIERRE CLEITMAN

HALTE A LA CONCURRENCE !

Le vrai problème avec J.-M. R., c'est que c'est un obstiné. Si, si, je sais de quoi je parle. Enfin lui qui sait faire du ciné, de la télé, lui qui sait mettre en scène les conneries des autres, pourquoi s'obstine-t-il à écrire les siennes ? Ecrire pour le théâtre quand on sait faire autre chose, honteux non ? Des pièces courtes en plus ! A croire qu'il aime ça…

Si au moins il écrivait pour détruire les fondements de la société ou pour annoncer l'Apocalypse, pour hurler sa haine du genre humain… Si c'était du vécu, non même pas. "Théâtre sans animaux", il a plein d'animaux chez lui, sa fille adore ça. Si c'était du ressenti, du socio, du citoyen, du témoignage première ou deuxième main… Non, non, fiction pure, invention, délire. Il ne s'est jamais senti ni plus ni moins intelligent que son frère – ce serait même plutôt le contraire si vous voulez tout savoir. La sœur de son épouse n'a jamais joué *Phèdre*, d'ailleurs elle n'est même pas française – j'adore dénoncer, les étrangers surtout, on a trop peu l'occasion de le faire – et pour tout vous dire je ne sais même pas si son épouse a une sœur. De plus, et c'est plus grave, jamais, vous entendez jamais, un stylo-bille même géant ne lui a dicté sa conduite. Il est bien trop obstiné pour faire son profit de ce que pourrait lui dire de sensé un stylo Bic.

Bon, c'est quoi alors tout ça ? Du théâtre ? Encore ? Pour quoi faire ? Juste pour le plaisir, la joie, comme Alphonse Allais qui n'a jamais écrit une phrase relatant fût-ce le début d'une histoire vécue, comme Feydeau, Courteline, Labiche, comme Jarry tiens, qui en une blague de potache a résumé au XIXe le XXe à suivre. Ouais, je vois. Ribes serait donc un traditionaliste, un sale écrivain post-bourgeois comme Nerval, ou un surréaliste attardé comme Vaché, Cravan et le troisième dont j'oublie toujours le nom. (J.-M. R., allons, qui se souvient encore de ces gens-là ?) En fait c'est un acrobate qui aime travailler à l'ancienne, sans filet, faire du trapèze au-dessus du tout social, c'est son vice se lancer dans le vide, et toujours, quelles que soient l'amertume, la noirceur du propos, et même quand il écrit à la demande d'Amnesty, faire le détour par le rire… Qu'importe, moi aussi je suis obstiné et je vais lui répéter jusqu'à ce qu'il comprenne qu'il doit arrêter ça pour son bien, sinon les hommes du commentaire vont le jeter définitivement hors de la galaxie littéraire, ou pire, il risque à la fin de se retrouver des mois durant face à des salles pleines, riant la bouche ouverte. Dégueulasse non ?

Au fait, "sans animaux" mon cul oui, sans sexe oui, sans perversion, sans sadomaso, mais de quel droit, qui t'a permis pareils écarts, pareilles transgressions ? Pour la peine et pour l'exemple, je propose qu'on lui inflige une tâche d'intérêt personnel : mettre en scène ma prochaine connerie en attendant pire si récidive.

JEAN-CLAUDE GRUMBERG,
juin 2001.

L'ÉLOGE DU SURSAUT

J'aime beaucoup les étincelles des courts-circuits, les immeubles qui tombent, les gens qui glissent ou qui s'envolent, bref les sursauts. Ces petits moments délicieux qui nous disent que le monde n'est pas définitivement prévu et qu'il existe encore quelques endroits où la réalité ne nous a pas refermé ses portes sur la tête.

Ces courtes fables, portraits, gribouillis, réunis sous le titre *Théâtre sans animaux*, sont une modeste contribution à l'art du sursaut et un hommage à tous ceux qui luttent contre l'enfermement morose de la mesure.

JEAN-MICHEL RIBES,
juin 2001.

ÉGALITÉ-FRATERNITÉ

pour Alexie

PERSONNAGES

Jacques
André

Une terrasse.
André est assis, il lit. Jacques vient s'asseoir à côté
de lui. Il regarde le ciel.

JACQUES. On dirait que ça se couvre.

ANDRÉ. C'est pas dit.

JACQUES. Je ne te dérange pas ?

ANDRÉ. Jamais.

JACQUES. Tout va ?

ANDRÉ. Tout.

Un temps.

JACQUES. J'ai une nouvelle pour toi.

ANDRÉ. Bonne ?

JACQUES. Je crois.

ANDRÉ. Tant mieux.

Un temps.

JACQUES. Je suis devenu plus intelligent que toi.

ANDRÉ. Ah bon ?

JACQUES. Oui.

Un temps.

ANDRÉ. Quand c'est arrivé ?

JACQUES. Il y a une bonne heure, disons une heure et demie…

ANDRÉ. C'est tout récent.

JACQUES. Tu es le premier à le savoir.

ANDRÉ. Ça me touche.

JACQUES. C'est normal tu es mon frère.

ANDRÉ. C'est vrai.

JACQUES. Aîné en plus !

Un temps.

ANDRÉ. Beaucoup ?

JACQUES. Quoi ?

ANDRÉ. Tu es devenu beaucoup plus intelligent que moi ?

JACQUES. J'ai l'impression.

ANDRÉ. Tant qu'à faire.

JACQUES. Tu sais ça fait longtemps que j'en avais envie.

ANDRÉ. Ça ne se voyait pas.

JACQUES. Depuis l'âge de cinq ans.

ANDRÉ. Ah oui ça fait un bail !

JACQUES. Tout môme je me disais : André il est drôle, il épate tout le monde, il n'y a que lui qu'on écoute… mais un jour ce sera moi… je vais arriver à faire mieux que lui… enfin aussi bien dans un premier temps et puis très vite mieux.

ANDRÉ. Par étapes, quoi.

JACQUES. Exactement.

ANDRÉ. Ça fait donc… trente-quatre ans que tu veux devenir plus intelligent que moi ?

JACQUES. Oui.

ANDRÉ. C'est énorme.

JACQUES. Mais j'ai traîné… lambiné même…

ANDRÉ. Ça devait te faire peur ?

JACQUES. Très… J'arrivais pas à m'y mettre… et pourtant j'en crevais d'envie, surtout après les repas le dimanche chez Mamie quand tout le monde m'appelait concon… Tu t'en souviens ?

ANDRÉ. Très bien, on t'appelait aussi comme ça à l'école, non ?

JACQUES. Oui et au catéchisme… C'est pour ça… je me lançais quand même dans un sacré boulot…

ANDRÉ. Tu parles !

JACQUES. Et puis il y a quoi, six mois ? j'ai décidé de sauter le pas.

ANDRÉ. Comme ça, d'un coup ?

JACQUES. Non ça m'a pris un soir quand je t'ai vu à la télé parler de ton dernier livre.

ANDRÉ. Tiens ?

JACQUES. Ah oui, quand je t'ai entendu raconter les colères de l'oncle Pierre, la pêche aux grenouilles, la petite Lisette qui se griffait les genoux, et puis la noyade de Mamie… je me suis dit : mais j'aurais pu tout raconter pareil, je connais tout ça par cœur et même en plus l'accident de voiture du charcutier, que t'as oublié entre parenthèses !!

ANDRÉ. Le gros Paul, exact.

JACQUES. Parce que quoi ? ton enfance c'est aussi mon enfance, à deux ans près… enfin je veux dire à deux ans en plus que moi… enfin à deux ans…

ANDRÉ. Tu veux dire que je suis né deux ans avant toi ?

JACQUES. Voilà ! Exactement ! Alors quand j'entendais le journaliste qui disait sans arrêt "on est saisi par la justesse" ou "ce souvenir bouleversant !" ou "la finesse de l'évocation"… je me suis dit : quand même Jacques ! Quand même ! L'intelligence c'est pas la mer à boire ! Vas-y, saute !… et j'ai sauté !

ANDRÉ. Tu veux dire… tu as écrit ?

JACQUES. Pile. J'ai commencé par l'accident du charcutier justement… Et puis mon patron l'a lu… Tu le connais mon patron ?

ANDRÉ. Je ne crois pas.

JACQUES. Un type très fin, très sensible !… Il a commencé tout petit en travaillant ses abdos et maintenant il a trois salles de gymnastique.

ANDRÉ. En effet.

JACQUES. Il t'admire beaucoup d'ailleurs… C'est quand je lui ai dit que j'étais ton frère qu'il m'a engagé au talquage.

ANDRÉ. Ah bon ?

JACQUES. Oui il m'a dit : le frère du grand écrivain André Lamothe ne peut pas rester sans travail !… Vraie admiration pour toi !

ANDRÉ. Je suis flatté.

JACQUES. C'est pour ça, comme j'avais pigé qu'il aimait bien tes livres et que c'est grâce à toi en quelque sorte que je talquais les agrès chez lui… je me suis dit : je vais lui faire lire l'accident du charcutier.

ANDRÉ. Bonne idée… Il a aimé ?

JACQUES. Il a été formidable. Il m'a dit : Jacques, tu devrais commencer par le début.

ANDRÉ. Le début ?

23

JACQUES. Etudier, apprendre à lire avant d'écrire.

ANDRÉ. Il a l'air bien ce type.

JACQUES. Je t'ai dit, très fin, très sensible !... Alors bien sûr je l'ai écouté et j'ai lu, mais attention, j'ai tout lu !

ANDRÉ. Très bien.

JACQUES. Tout. La rhétorique, la logique, les paradoxes, la satire, le raisonnement, la pensée abstraite, tout ! J'ai rien laissé passer au hasard, même des trucs pas indispensables pour l'intelligence je les ai bossés, comme les sentiments par exemple.

ANDRÉ. Tu as bien fait.

JACQUES. Oh que oui ! C'est que tu es une pointure ! Je me disais sans arrêt ce serait trop bête, si j'arrivais à lui mettre trois longueurs... je sais pas moi, en dialectique, et que lui bifurque tout d'un coup sur l'amour ou la haine, je suis marron !

ANDRÉ. Bien sûr.

JACQUES. Remarque, les sentiments, ça m'a bien plu.

ANDRÉ. C'est vrai, c'est très amusant les sentiments.

JACQUES. Et puis il y a beaucoup moins à apprendre que pour l'intelligence...

ANDRÉ. Je ne me rends pas bien compte.

JACQUES. Oh là ! T'en as une dizaine qui compte, pas plus : la pitié, l'envie, la jalousie… Tiens la jalousie, c'est quelque chose ! Il est costaud celui-là.

ANDRÉ. Oui, c'est un gros.

JACQUES. Deux bouquins épais comme ça, attention pas l'envie, juste la jalousie !

ANDRÉ. Ça ne m'étonne pas.

JACQUES. Je peux te les réciter par cœur les deux…

ANDRÉ. Bravo !

JACQUES. Oui je t'avoue, je suis pas mécontent.

ANDRÉ. Et moi donc.

JACQUES. C'est ce que j'ai pensé, pour une fois il va être fier de moi le frère aîné.

ANDRÉ. Tu peux le dire !

JACQUES. Bien. Maintenant je vais aller l'annoncer aux parents.

ANDRÉ. Ça va les surprendre.

JACQUES. Probablement oui…

ANDRÉ. Même peut-être leur faire de la peine…

JACQUES. De la peine ?!

ANDRÉ. J'en ai peur.

JACQUES. Mais… pourquoi ?

ANDRÉ. Jacques… maintenant que tu es plus intelligent que moi je me sens plus libre de te dire que papa et maman…

JACQUES. Vas-y.

ANDRÉ. … m'ont toujours préféré à toi.

JACQUES. C'est bien normal dis donc ! Y avait pas photo, ils allaient quand même pas préférer concon !!

ANDRÉ. C'est pour ça, quand ils vont apprendre que leur fils préféré est moins intelligent que concon, j'ai peur que ça les attriste.

Un temps.

JACQUES. C'est pas faux.

ANDRÉ. Toi qui connais bien les sentiments…

JACQUES. Justement j'étais en train de les faire défiler dans ma tête… J'hésite entre pitié ou compassion…

ANDRÉ. Ou générosité, mais enfin je ne suis pas un spécialiste.

JACQUES. Générosité est une vertu, pas un sentiment.

ANDRÉ. Excuse-moi… Je t'avais prévenu, je ne suis pas un spécialiste.

JACQUES. Mais c'est pas mal générosité, ça va bien pour ce cas précis… Je crois que je vais m'en servir pour ne rien leur dire…

ANDRÉ. Comme tu le sens.

JACQUES. C'est-à-dire que pour moi l'intelligence c'est tout nouveau tout beau, alors forcément j'ai envie de la montrer, de me promener avec devant tout le monde, de faire vrombir le moteur.

ANDRÉ. C'est humain.

Un temps.

JACQUES. Myriam peut-être ?

ANDRÉ. Ton ex-femme ?

JACQUES. Oui, je pourrais aller le lui dire à Myriam, s'il y en a une à qui ça pourrait faire plaisir, c'est bien elle !

ANDRÉ. Tu crois ?

JACQUES. Bien sûr. Savoir que finalement elle n'a pas vécu pendant dix ans avec un total crétin comme elle l'a dit au juge, je pense que ce sera un vrai soulagement pour elle… Ça voudra dire qu'elle ne s'était pas tellement trompée en se mariant avec moi.

ANDRÉ. Ça voudra dire aussi qu'elle s'est trompée…

JACQUES. Comment ça ?

ANDRÉ. En te quittant…

Un temps.

JACQUES. C'est pas faux.

ANDRÉ. Tu sais, je la connais bien Myriam.

JACQUES. Je sais.

ANDRÉ. Et je l'aime beaucoup.

JACQUES. Bien sûr, sinon tu ne l'aurais pas épousée.

ANDRÉ. C'est pour ça, je me permets de prévoir sa réaction.

JACQUES. C'est logique.

ANDRÉ. Il me semble.

JACQUES. C'est ce que j'ai préféré apprendre, la logique… J'ai tout de suite accroché, je l'ai étudiée comme du petit lait…

ANDRÉ. Ça se sent.

JACQUES. Je ne vais rien dire à Myriam, pas un mot… Je vais même éviter de la voir pour qu'elle ne risque pas de s'en rendre compte… Ça pige si vite les femmes !

ANDRÉ. C'est mieux pour elle.

JACQUES. Merci la logique ! Merci pour Myriam et merci aussi pour mon patron !

ANDRÉ. Ton patron ?

JACQUES. Oh excuse-moi ! je vais trop vite… Ça tu vois, je ne maîtrise pas encore *(il tapote son index sur son front)*, j'oublie une fois sur deux de ralentir le réacteur !… Alors forcément, j'en laisse toujours un ou deux sur le carreau. Désolé.

ANDRÉ. Je t'en prie.

JACQUES. Tu y es ?

ANDRÉ. Vas-y.

JACQUES. Par contre il me semble aussi logique que j'aille… Ça va ? Bien assis dans la fusée ?

ANDRÉ. J'ai l'impression.

JACQUES. Parfait… Il me semble aussi logique que j'aille l'annoncer à mon patron. *(Il rit.)* Oh putain, le choc ! Je vois d'ici ses abdos ! Le petit frangin, le talqueur d'agrès devenu tout d'un coup plus musclé dans la tête que toi, André Lamothe, son grand homme ! Le cul sur le tapis monsieur Lazvado ! Le cul sur le tapis !

ANDRÉ. Il va te virer.

JACQUES. Quoi ?

ANDRÉ. Là je suis catégorique, Jacques.

JACQUES. Tu veux dire qu'il va me mettre à la porte ?!!

ANDRÉ. Il n'a pas le choix. Comment veux-tu qu'un homme que tu dis toi-même sensible, subtil…

JACQUES. Fin surtout, très fin.

ANDRÉ. … puisse laisser à un poste de talqueur d'agrès, au milieu d'imbéciles suspendus à des barres parallèles, un cerveau comme toi ? Il ne le supportera pas.

JACQUES. Merde…

ANDRÉ. D'autant qu'il est un peu responsable.

JACQUES. Mon patron ?

ANDRÉ. S'il ne t'avait pas poussé à apprendre à lire, tu n'en serais pas là !

JACQUES. Juste, putain, juste !

ANDRÉ. J'ai même peur qu'il se sente coupable vis-à-vis de moi.

JACQUES. Et ça, je risque de le payer cher.

ANDRÉ. Chômage immédiat.

Un temps.

JACQUES. Bon… Alors motus et bouche cousue.

ANDRÉ. Je crois que c'est la sagesse.

JACQUES *(très vite, par cœur)*. Sagesse : comportement éloigné des audaces ou des outrances. Tempérance, réserve et discernement dans ses actions. Connaissance et science telles que les concevaient les Anciens : "La sagesse est un bien, l'ignorance un mal." Platon. "Le doute est le commencement de la sagesse." Aristote. "Le vrai courage c'est la sagesse." Euripide. "Le plus sage est celui qui ne pense point l'être." Boileau. "Le monde avec lenteur marche vers la sagesse." Voltaire.

Il reprend son souffle.

ANDRÉ. Impressionnant !

JACQUES. Cacher tout ça c'est quand même dommage, non ?

ANDRÉ. C'est beau aussi quand ça reste à l'intérieur.

JACQUES. Oui… Mais moi ce que je veux c'est que ça se voie, comme toi, qu'on m'écoute, qu'on soit content quand j'arrive, qu'on me pose des questions, qu'on m'invite avec des gens de la télé, que la famille me téléphone… pas tous les jours bien sûr, mais un peu quand même… que j'aie des amis, des relations, des philosophes qui aient envie de me voir… qu'on voie bien que je suis ton frère… enfin, devenu ton frère… enfin je veux dire à égalité… même plus… au-dessus de l'égalité…

ANDRÉ. Tu sais, Jacques, au point où tu en es arrivé, je me demande si c'est même nécessaire que tu parles.

JACQUES. Ah bon ?

ANDRÉ. Tu es tellement loin devant… tellement haut.

JACQUES. Je ne m'en rends pas toujours bien compte… Comme pour le réacteur, je ne maîtrise pas encore tout à fait…

ANDRÉ. Je te le dis.

JACQUES. Il vaut mieux que je la ferme, tu crois ?

ANDRÉ. Ce serait plus fort… plus rare.

JACQUES. C'est pas faux.

ANDRÉ. J'ai l'impression.

Un temps.

JACQUES. Bon… je vais y aller.

ANDRÉ. Encore bravo, Jacques.

JACQUES. Dis donc j'y pense… Ça ne t'a pas peiné que je te le dise ?

ANDRÉ. Tu plaisantes !

JACQUES. Parce que peut-être qu'avec toi aussi j'aurais dû me taire… T'es sûr, ça ne t'ennuie pas de savoir que je suis plus intelligent que toi ?

ANDRÉ. Pas du tout.

JACQUES. De l'apprendre de ma bouche en plus…

ANDRÉ. Je préfère de loin l'apprendre par toi que par n'importe qui d'autre !

JACQUES. Après tout tu es mon frère.

ANDRÉ. Aîné en plus !

Un temps.

JACQUES. C'est pas faux. *(Un temps.)* Tout va ?

ANDRÉ. Tout.

JACQUES. Je ne t'ai pas dérangé ?

ANDRÉ. Tu ne me déranges jamais !

Jacques regarde le ciel.

JACQUES. C'est vrai, c'est pas dit que ça se couvre…

TRAGÉDIE

pour Sydney

PERSONNAGES

Louise
Jean-Claude
Simone

Ils sont chic. Costumes de gala. Louise, tendue, marche vite. Jean-Claude, visage fermé, traîne derrière elle. Escaliers, couloirs, ils cherchent un nom sur une porte.

LOUISE. "Bravo", tu lui dis juste "bravo", c'est tout.

JEAN-CLAUDE. *(Soupirs.)*

LOUISE. Je ne te demande pas de te répandre en compliments, je te demande de lui dire juste un petit bravo…

JEAN-CLAUDE. *(Soupirs.)*

LOUISE. Attention, qui sonne quand même, pas appuyé d'accord, mais qu'elle ne soit pas obligée de te faire répéter…

JEAN-CLAUDE. Je ne peux pas.

LOUISE. Tu ne peux pas dire "bravo" ?

JEAN-CLAUDE. Non.

LOUISE. Même un petit bravo ?

JEAN-CLAUDE. Non.

LOUISE. C'est quoi ? C'est le mot qui te gêne ?

JEAN-CLAUDE. Non, c'est ce qu'il veut dire.

LOUISE. Oh ! ce qu'il veut dire, ce qu'il veut dire, si tu le dis comme "bonjour", déjà il veut beaucoup moins dire ce qu'il veut dire.

JEAN-CLAUDE. Ça veut quand même un peu dire "félicitations", non ?

LOUISE. Oui mais pas plus. Vraiment pas plus.

JEAN-CLAUDE. J'ai haï cette soirée, tu es consciente de ça, Louise ?! J'ai tout détesté, les costumes, les décors, la pièce et Elle, surtout Elle !

LOUISE. Justement, comme ça tu n'es pas obligé de lui dire que tu n'as pas aimé, tu lui dis juste "bravo", un petit bravo et c'est fini, on n'en parle plus, tu es débarrassé et moi j'enchaîne… Tiens, sa loge est là !

JEAN-CLAUDE. Je n'y arriverai pas.

LOUISE. Jean-Claude, tu as vu où elle nous a placés, au sixième rang d'orchestre, au milieu de tous les gens connus, elle n'était pas obligée, on n'est pas célèbres, on est même le contraire, elle a fait ça pour nous faire plaisir.

JEAN-CLAUDE. Je n'ai éprouvé aucun plaisir.

LOUISE. C'est bien pour ça que je ne te demande pas de lui dire "merci", là d'accord, "merci" ça pourrait avoir un petit côté hypocrite surtout si tu t'es beaucoup ennuyé, mais "bravo", franchement ! "Bravo" c'est rien, un sourire, même pas, un demi-sourire, une lèvre qui se retrousse à peine...

JEAN-CLAUDE. Je te dis que je n'y arriverai pas !

LOUISE. Alors, dis-le deux fois.

JEAN-CLAUDE. Deux fois ?!

LOUISE. Oui, "bravo, bravo". Deux fois ça glisse tout seul, on ne se rend presque pas compte qu'on l'a dit, ça file, on n'a même pas le temps de penser à ce que ça veut dire. C'est un peu comme "oh pardon !". Quand tu dis "oh pardon !" tu n'as pas l'impression de demander vraiment un pardon, de réclamer une absolution pour ta faute, non c'est une petite phrase qui t'échappe, et pourtant le type sur qui tu viens de renverser ta bière et qui a envie de t'égorger, en t'entendant dire "oh pardon !" s'apaise aussitôt, comprenant que ce n'est pas un goujat qui lui a taché sa veste, mais un homme bien élevé, et il le devient à son tour en te répondant "je vous en prie". Phrase dont lui non plus ne saisit pas le sens, sinon, l'idée de se courber mains jointes devant toi en priant lui ôterait toute envie de la prononcer. Et pourtant, il l'a dite ! Et vous vous séparez, sans insultes ni guerre, presque amis, prouvant que dix mille ans de civilisation n'ont pas été vains, puisqu'ils ont réussi à remplacer chez l'homme le réflexe de l'égorgement par celui de la courtoisie, et c'est pour ça, Jean-Claude, que j'aimerais que tu dises un petit bravo à Simone, juste pour qu'elle ne pense pas que mon mari a échappé à la civilisation… Est-ce que tu comprends ?

JEAN-CLAUDE. Qu'est-ce qui te prend à parler comme ça, sans t'arrêter ? On vient d'entendre ta sœur pendant presque trois heures et demie, parler, parler, parler, j'ai cru mourir, et toi maintenant tu t'y mets !? C'est une histoire de fou ? C'est contagieux ou quoi ? Si tu dois continuer, dis-le-moi tout de suite, parce que je te préviens, avec toi ce ne sera pas comme avec Simone, je sors, je fous le camp de ce théâtre et je ne reviens pas, tu m'entends, Louise, je ne reviens plus jamais… je suis à bout…

LOUISE. Tout ça parce que je te demande d'être poli avec ta belle-sœur !

JEAN-CLAUDE. Parce qu'elle l'a été elle, sur scène ?! parce que c'est de l'art, c'est poli ?… parce que c'est classique, c'est poli ? parce que ça rime, c'est poli ? C'est ça ?

LOUISE. Tu n'es quand même pas en train de m'expliquer que Racine est mal élevé ?!?

JEAN-CLAUDE. Ta sœur m'a torturé, Louise, tu m'entends, torturé pendant toute la soirée.

LOUISE. Tu es au courant, j'espère, qu'au Japon la grandeur suprême pour le samouraï blessé à mort est de dire "bravo" à son adversaire.

JEAN-CLAUDE. C'est un mauvais exemple. Je hais le Japon.

LOUISE. Dommage, un peu d'Extrême-Orient aurait pu t'aider.

JEAN-CLAUDE. M'aider à quoi ?

LOUISE. A mieux comprendre, à mieux TE comprendre, en oubliant deux petites minutes ta tête d'Occidental buté.

JEAN-CLAUDE. Louise, ne va pas trop loin, je t'ai prévenue, je suis à bout !

LOUISE. Parce que figure-toi, quand le samouraï blessé à mort dit "bravo" à son adversaire, ce n'est pas pour le féliciter, c'est pour l'humilier.

JEAN-CLAUDE. Ah bon !

LOUISE. Bien sûr. C'est la vengeance suprême. Ton sabre a meurtri mon corps, mais mon âme est intacte, et elle te dit "bravo". Voilà la victoire, la vraie ! "Bravo"… Car en vérité en disant bravo à son adversaire c'est à lui-même qu'il se dit bravo, bravo d'avoir dit bravo à son bourreau… Maintenant si tu refuses de te dire bravo en disant bravo à Simone, c'est ton affaire…

JEAN-CLAUDE. Un homme qui n'a pas hurlé pendant cette représentation ne peut pas se dire bravo, Louise ! Quand je pense que j'ai supporté ce supplice sans broncher, comme un lâche, sans rien dire, pendant très exactement deux cent vingt-trois minutes et dix-sept secondes !

LOUISE. Ah oui ! ça j'ai vu, tu l'as regardée ta montre !

JEAN-CLAUDE. Tout le temps ! A un moment j'ai même cru qu'elle s'était arrêtée, pendant sa longue tirade avec le barbu, le mari, ça n'avançait plus. Je me suis dit, la garce elle nous tient, huit cents personnes devant elle, coincées dans leur fauteuil, elle nous a bloqué les aiguilles pour que ça dure plus longtemps !… Je ne sais pas comment j'ai tenu, je ne sais pas…

LOUISE. Oui, enfin n'exagère pas, tu n'es pas mort.

JEAN-CLAUDE. Non, c'est vrai… et tu sais pourquoi, Louise ? parce que je me suis mis à répéter sans arrêt un mot, un seul mot, un mot magique : entracte ! ENTRACTE !… Mais il n'est jamais venu, jamais ! Cinq actes sans une seconde d'interruption, Louise, tu appelles ça la civilisation ?

LOUISE. Quinze ans d'attente, Jean-Claude, quinze ans que Simone attend d'entrer à la Comédie-Française ! Ça y est, c'est fait, elle est engagée ! Et miracle, on lui offre le rôle dont elle rêve depuis toujours ! Ce soir pour la première fois de sa vie elle vient de jouer *Phèdre* dans le plus prestigieux théâtre d'Europe, et toi, son beau-frère, tu refuses de lui dire "bravo", juste un petit bravo ! Qu'est-ce que tu es devenu ? un animal ?

JEAN-CLAUDE. Elle vient de jouer *Phèdre* pour la première fois de sa vie !? Tu te moques ou quoi ? Et le jour de notre mariage, tu as oublié peut-être ? Elle en a déclamé un morceau en plein milieu du repas, comme ça, sans prévenir personne, même qu'après les enfants ont pleuré et qu'aucun invité n'a voulu danser et que mon père a gueulé sur le tien ! Elle nous a foutu une ambiance de merde avec sa vocation et ses alexandrins !

LOUISE. C'est maman qui lui avait demandé, pour nous faire une surprise.

JEAN-CLAUDE. La surprise ça a failli être que je quitte la table, Louise, la table du plus beau jour de notre vie ! Il fallait que je t'aime pour rester immobile, vingt minutes, le couteau planté dans le gigot, pendant que l'autre hystérique beuglait sa poésie en se caressant les seins ! Et vingt ans après elle remet ça, l'intégrale en plus, et tu voudrais que je lui dise "bravo" à cette grosse vache !

LOUISE. Jean-Claude !!

JEAN-CLAUDE. Quoi Jean-Claude ! Elle a pris vingt kilos, Simone, vrai ou faux ?!

LOUISE. C'est humain, c'est l'angoisse d'attendre ce rôle, quinze ans d'angoisse, forcément elle a compensé par la nourriture… mais franchement ce n'est pas ça qui compte.

JEAN-CLAUDE. Quand on est habillée en toge, ça compte quand même un peu !

LOUISE (*toise Jean-Claude et calmement lui demande*). Pourquoi tu es venu, Jean-Claude ?

JEAN-CLAUDE. Pardon ?

LOUISE. Pourquoi tu m'as accompagnée à cette générale ?

JEAN-CLAUDE. Tu plaisantes ?

LOUISE. Pas le moins du monde, tu connais la silhouette de Simone, tu savais qu'elle allait jouer *Phèdre*, pourquoi tu es venu ?

JEAN-CLAUDE *(hurle)*. Parce que ça fait trois mois que tu me bassines jour et nuit avec la première de ta sœur qu'il ne faut manquer sous aucun prétexte, la soirée du 24 février a été soulignée en rouge sur tous les calendriers, tous les agendas, c'est devenu une fête familiale… Chez nous, cette année, on aura eu Pâques, Noël et *Phèdre* ! Et à ce propos, je te signale que ni ton père, ni ta mère, ni ton frère ne sont là ce soir !

LOUISE. Elle n'avait que deux places pour la première !

JEAN-CLAUDE. Et pourquoi c'est tombé sur nous ?! POURQUOI !!!

LOUISE. Et o ?

JEAN-CLAUDE. Hein ?

LOUISE. O ? Est-ce que tu peux lui dire juste "o" ? Elle sort de sa loge, c'est toi qu'elle regardera le premier j'en suis sûre, tu la serres aussitôt dans tes bras et tu lui dis "o", tu n'as même pas besoin de le dire fort, tu lui susurres dans l'oreille : O !

JEAN-CLAUDE. O… ?

LOUISE. Oui, je pense que dans "bravo" ce qui compte surtout c'est le *o*, les autres lettres sont pour ainsi dire inutiles… Tu as entendu pendant les rappels à la fin de la pièce, les gens applaudissaient en criant bravo *(elle les imite)*, vo ! vo ! vo !… C'était surtout le *o* qui résonnait, vo ! vo ! avec, pour être honnête, un petit rien de *v*, vo !… Voilà, "vo ! vo", ce serait parfait.

JEAN-CLAUDE. Tu me demandes de dire "vo" à ta sœur ?

LOUISE. S'il te plaît.

Un temps.

JEAN-CLAUDE. Vo ?

LOUISE. Oui.

Un temps.

JEAN-CLAUDE. Louise, est-ce que le moment n'est pas venu de faire le point sur notre couple.

LOUISE. J'en étais sûre ! La fuite, la tangente, l'esquive, une fois de plus tu cherches à échapper à ce que je te demande, jamais le moindre effort pour me comprendre, pour me satisfaire !

JEAN-CLAUDE. Parce que toi tu en fais des efforts ?

LOUISE. Beaucoup, Jean-Claude, beaucoup !

JEAN-CLAUDE. Je rêve !

LOUISE. Je te signale par exemple que je t'ai proposé d'enlever soixante-quinze pour cent du mot "bravo" !

JEAN-CLAUDE. Après m'avoir fourgué quatre heures et demie de ta sœur !

LOUISE. Trois heures et demie !

JEAN-CLAUDE. Et l'heure qu'on est en train de passer à piétiner devant sa loge, ça compte pour du beurre !?

LOUISE. Elle se lave ! Tu ne vas quand même pas compter de la même façon Simone dans *Phèdre* et Simone sous sa douche !!

JEAN-CLAUDE. C'est toi que je compte en ce moment, Louise ! Toi qui m'épuises autant qu'elle sur scène ! qui t'additionnes à ta sœur, j'ai la double ration ! Je réalise que dans un théâtre vous êtes les mêmes, aussi assommantes l'une que l'autre !

LOUISE *(haineuse).* Détrompe-toi, Jean-Claude, je suis très loin d'être comme Simone, très loin ! Parce que moi, dis-toi bien que si un jeune homme aux cheveux bouclés, les mollets sanglés par des lanières de cuir, traversait un jour ma vie, je pars avec lui illico ! illico ! sans hésiter, sans me retourner, je file avec Hippolyte… à Skiathos, à Skopélos, à Mykonos… où il voudra, et je te plante là, toi et ton cerveau de cœlacanthe !
(Jean-Claude, impassible, ne répond pas. Il reste muet, fixant le mur. Décontenancée, Louise fait un pas vers lui.)
Tu ne dis rien ?

JEAN-CLAUDE. Non.

LOUISE. Ça ne te fait rien ?

JEAN-CLAUDE. Quoi ?

LOUISE. Ce que je t'ai dit.

JEAN-CLAUDE. Non.

LOUISE. Que je parte avec Hippolyte, ça ne te fait rien ?

JEAN-CLAUDE. Non.

LOUISE. Même dans une île grecque ?

JEAN-CLAUDE. Non. *(Un temps.)* "Cerveau de cœlacanthe", c'était dans *Phèdre* ?

LOUISE. Non.

JEAN-CLAUDE. On aurait dit.

LOUISE. C'est normal, ça vient du grec *koilos*, "creux", et *akantha*, "épine"… C'est un gros poisson… c'est notre ancêtre… avant le singe…

JEAN-CLAUDE. Ah quand même…

LOUISE. Pardonne-moi je ne pensais pas ce que je disais… Tu ne m'aimes plus ?… *(Jean-Claude ne répond pas.)* Et tu me le dis à la Comédie-Française…

JEAN-CLAUDE. J'ai l'impression que ni toi ni moi on gardera un bon souvenir de cet endroit.

Il s'éloigne. Louise sursaute.

LOUISE. Où tu vas ?

JEAN-CLAUDE. Dehors, boire une bière.

LOUISE. Tu reviendras ?

JEAN-CLAUDE. Je ne pense pas.

LOUISE. Fais attention de ne pas la renverser sur ton voisin…

JEAN-CLAUDE. J'essaierai…

Il se dirige vers la sortie.

LOUISE *(bouleversée, crie).* Jean-Claude !

Jean-Claude disparaît sans répondre. Louise éclate en sanglots, elle s'appuie contre le mur et, détruite, se laisse glisser jusqu'à terre.
La porte de la loge s'ouvre. Simone apparaît radieuse dans un peignoir de soie.

SIMONE. Ah ma chérie, tu es là ! Alors ça t'a plu ? *(Les pleurs de Louise redoublent.)* Oh, ma pauvre chérie, tu es toute bouleversée.

LOUISE *(hoquetant).* C'est parce que… c'est parce que…

SIMONE. Parce que c'est une pièce qui parle très fort aux femmes, je sais.

LOUISE. Non c'est parce que… parce que…

SIMONE. Parce que c'est bouleversant de voir sa sœur applaudie pendant vingt minutes…

LOUISE. Jean-Claude m'a quittééée…

SIMONE. Ton mari ?

LOUISE. Ouiiii…

SIMONE. Quand, il t'a quittée ?

LOUISE. Là, maintenant, il est partiii…

SIMONE. Avant la fin de la pièce !?

LOUISE. Nooon…

SIMONE. Ah tu m'as fait peur !…

LOUISE. Jean-Clauuudee…

SIMONE (*réalisant soudain*). C'est incroyable, ma chérie !… Jean-Claude te quitte le soir de ma première de *Phèdre* et tu te souviens ce que je vous ai joué le jour de votre mariage ?!

LOUISE. Bien sûr que je m'en souviens, pauvre connasse ! (*Elle recule vers la sortie.*) Salope ! Ordure ! Putain ! Merdeuse !

Elle disparaît au bout du couloir. Simone reste un instant interdite puis se met à courir derrière sa sœur en criant.

SIMONE. Chérie, ma chérie, qu'est-ce qu'il se passe ! Qu'est-ce que j'ai dit de mal ? Louise… Et moi tu ne me dis rien… ? Tu ne me dis pas "bravo" ?… Louise… même pas un petit bravo ?

Paris, janvier 2001.

MONIQUE

pour Valérie Bouchez

PERSONNAGES

Le père
La fille

Un salon. Le père lit le journal. La fille traverse la pièce. Sans quitter son journal des yeux, le père l'appelle.

LE PÈRE. Monique ?

LA FILLE. Oui papa.

Le père baisse son journal et regarde sa fille étrangement.

LE PÈRE. Je peux savoir pourquoi tu me réponds quand je t'appelle Monique ?

LA FILLE. Pardon ?

LE PÈRE. Tu as parfaitement entendu ma question.

LA FILLE. Je ne l'ai pas comprise, papa.

LE PÈRE. Quand je dis "Monique", pourquoi te retournes-tu vers moi ?

LA FILLE. Tu veux rire, papa ?

LE PÈRE. Oh, pas du tout, ma petite fille, mais alors pas du tout…

LA FILLE *(riant)*. Mais parce que je m'appelle Monique.

LE PÈRE. Tu t'appelles Monique ! Toi, ma fille unique, tu t'appelles Monique ?!!

LA FILLE. Oui papa, depuis dix-huit ans !

LE PÈRE. Depuis dix-huit ans !… Et tu as quel âge ?

LA FILLE. Dix-huit ans justement.

LE PÈRE. Justement ! Justement ! Je ne suis pas comptable, je suis ton père, simplement ton père au cas où tu l'aurais oublié… Et je peux savoir qui t'a appelée Monique ?

LA FILLE. Toi je suppose.

LE PÈRE. Moi !!… Et quand s'il te plaît ?

LA FILLE. A ma naissance probablement !

LE PÈRE. Moi, j'aurais appelé mon enfant "Monique", la chair de ma chair, "Monique" ! Ecoute-moi bien, ma petite fille, je suis loin d'être un homme parfait, j'aime la bière, je suis trop agressif avec les voisins, je mange de la blanquette de veau en cachette et, c'est vrai, je n'ai pas une passion pour le théâtre, mais de là à appeler ma fille Monique ! A sa naissance en plus ! un tout petit bébé sans défense ! Non, ma chérie, non, ton papa n'est pas capable de ça !

LA FILLE. Alors c'est maman ?

52

LE PÈRE. Ta mère ?!

LA FILLE. Quand ce n'est pas le père, c'est la mère qui donne le prénom, non ?

LE PÈRE. Fais très attention à ce que tu vas répondre, ma chérie. Tu affirmes, là devant moi, que ta propre mère t'aurait appelée Monique ?

LA FILLE. Mais enfin papa, qu'est-ce qui te prend ?

LE PÈRE. Parfait. On va en avoir le cœur net. *(Il décroche le téléphone et compose nerveusement un numéro.)* Allô ? Allô chérie, c'est moi… Je te dérange ?… J'en ai pour deux minutes… C'est notre grande fille… Elle vient de m'affirmer qu'elle s'appelle Monique ! Oui, tu as bien entendu "Monique"… Moi aussi. *(A sa fille.)* Ça l'étonne beaucoup… *(A sa femme.)* D'après elle, tu lui aurais donné ce prénom-là à sa naissance, oui toi ! Tu es au courant de cette histoire ?… Bien sûr que je te crois… mais elle est butée tu la connais… Je t'en prie vas-y, vas-y. *(Il raccroche.)* Elle a un monde fou dans le magasin…

LA FILLE. Qu'est-ce qu'elle a dit ?

LE PÈRE. Elle m'a demandé si je plaisantais.

LA FILLE. Moi aussi, je te le demande, papa !!

LE PÈRE. Donc tu n'en démords pas.

LA FILLE. Qu'est-ce que tu veux, que je te montre mon passeport ?!

LE PÈRE. Ton passeport ? Ah ça y est, j'ai compris ! Quel crétin je fais ! Mais bien sûr, c'est le nom de ton mari, tu t'appelles Monique, madame Monique ! *(Il rit.)* Ah coquine ! Je ne marchais pas, je courais !

LA FILLE. Je n'ai pas de mari, papa.

LE PÈRE. Tu n'as pas de mari ?

LA FILLE. Non j'ai un ami.

LE PÈRE. Alors, comment se fait-il que tu portes son nom ? On a le droit de s'appeler madame Monique sans avoir épousé monsieur Monique ? Qu'est-ce que tu me racontes là ?

LA FILLE. Je ne te raconte rien.

LE PÈRE. Ah j'y suis ! C'est la nouvelle loi, celle qu'ils ont faite pour les homosexuels, le mariage sans le mariage, c'est ça !… Je comprends mieux… Ton mari est homo et tu as honte de me le dire, voilà toute l'affaire ! Mon pauvre petit chou tu connais bien mal ton père, sache que si tu es heureuse je le suis, peu importe avec qui tu vis !… Cela dit c'est une chance que nous ne t'ayons pas appelée Monique, tu te rends compte, aujourd'hui tu t'appellerais Monique Monique !

LA FILLE. Papa, tu devrais te reposer.

LE PÈRE. Me reposer ? Me reposer quand ma propre fille refuse de me dire son prénom ! Et ça, crois-moi, c'est beaucoup plus scandaleux que d'épouser un pédéraste. D'ailleurs à ce propos, je te conseille de l'annoncer en douceur à ta mère, tu la connais, elle est très pointilleuse, dès qu'on s'écarte d'un millimètre de la règle, elle devient folle. Tu te souviens de mon mariage avec elle.

LA FILLE. Je n'étais pas née, papa.

LE PÈRE. Tu n'étais pas née !? Quand je me suis marié avec ta mère, tu n'étais pas née ?!!

LA FILLE. Non papa.

LE PÈRE. Tu es au courant qu'on s'est mariés à cause de toi ? Ta mère voulait absolument un enfant, mais bien entendu, dans les règles, donc : mariage !… Je ne peux pas le croire, on s'est mariés pour toi et tu n'es pas venue ?

LA FILLE. Non, papa.

LE PÈRE. Même pas au cocktail après ? Même pas trinquer ? Partager une coupe pour nous souhaiter… je ne sais pas… nous souhaiter tout le bonheur du monde… Merde, on est tes parents quand même !

LA FILLE. Mais papa, je n'étais pas conçue… tu le sais bien, maman n'aurait jamais accepté de se marier enceinte.

LE PÈRE. Oh là ! ça c'est vrai !… Je vois mal Yolande se présenter devant le maire ou encore pire le curé, avec un péché dans l'abdomen… Tu dois avoir raison.

LA FILLE. Qui est Yolande ?

LE PÈRE. Ta mère.

LA FILLE. Maman s'appelle Nathalie, papa…

LE PÈRE. Non, ma chérie, ta mère s'appelle Yolande. Comme sa sœur, sa mère, sa grand-mère, sa tante et ses cousines…

LA FILLE. Mais… Mais je croyais qu'elle était la seule à ne pas s'appeler Yolande.

LE PÈRE. Non, ma chérie, elle n'y a pas coupé, comme toutes les autres filles de sa famille elle s'appelle Yolande… Je sais ça doit te faire un choc.

LA FILLE. Ça ! Apprendre à dix-huit ans que sa mère ne s'est jamais appelée Nathalie, tu te rends compte, j'espère !

Elle éclate en sanglots.

LE PÈRE. J'ai fait tout ce que j'ai pu pour que tu l'apprennes le plus tard possible… mais je savais qu'un jour je serais obligé de te le dire.

LA FILLE. Mais pourquoi, pourquoi vous m'avez menti !?

LE PÈRE. C'est moi qui ai voulu qu'on appelle ta mère Nathalie dès que tu es née… J'avais peur qu'on se moque de toi à l'école, que tes copines rigolent en apprenant que ta maman s'appelait Yolande comme sa mère, ses cousines, sa sœur, qu'elle était la vingt-septième Yolande de la famille, qu'on te demande pourquoi chez toi on était incapable de trouver un autre prénom pour les filles…

et que devant l'impossibilité de trouver une réponse sensée, tu commences à douter de la santé mentale de ta famille, à te demander si tu ne faisais pas partie d'une tribu de tarés, dupliquant le nom de ses femelles à l'identique, Yolande après Yolande… Tu étais ma petite fille chérie et je voulais t'éviter ce genre de pensées qui ne sont pas bonnes pour une petite fille. Une petite fille doit courir dans les champs, lire des poésies, apprendre l'espagnol, préparer sa communion solennelle, penser au prince charmant qui viendra un jour et qu'elle épousera, même s'il est homosexuel… D'ailleurs quand on voit comment sont accoutrés les princes charmants il ne faut pas s'étonner qu'ils préfèrent les garçons et que les jeunes filles les attendent en vain… Sauf toi, ma chérie, toi, tu as réussi à en coincer un… Pourquoi ? parce que tu es bien dans ta peau, et tu es bien dans ta peau parce que tu n'as jamais su que ta mère s'appelait Yolande…

LA FILLE. Et c'est pour me cacher que moi aussi je m'appelle Yolande que vous m'avez appelée Monique ?!!

LE PÈRE *(craquant)*. Mais tu ne t'appelles pas Monique ! ni Yolande !

LA FILLE *(hurle)*. Alors comment je m'appelle ?!!

LE PÈRE. Voilà la question… la bonne question !

LA FILLE. Tu m'as quand même intitulée, donné un nom le jour de ma naissance, tu ne m'as pas sifflée !

LE PÈRE. Pour qui tu me prends ! Bien sûr que je t'ai donné un prénom.

LA FILLE. Et tu ne t'en souviens pas ?

LE PÈRE. Ça fait dix-huit ans, ma petite chérie, dix-huit ans ! Tu te souviens de ce que tu faisais il y a dix-huit ans toi ?

LA FILLE. Je venais au monde.

LE PÈRE. Trop facile, trop vague ! Je te demande un souvenir précis, un bruit, une odeur, une image… Par exemple tu ne te souviens pas de moi penché sur ton berceau ?

LA FILLE. Non.

LE PÈRE. Et le nom avec lequel je t'appelais… que je te susurrais à l'oreille… Même approximativement… ?

LA FILLE. Non.

LE PÈRE. Juste un son… une voyelle… qui pourrait nous mettre sur le chemin ?

LA FILLE. Non.

LE PÈRE. Tu te rends compte, avec un cerveau tout neuf, bourré de neurones frais, tu n'as même pas enregistré le prénom que ton papa te répétait en te donnant le biberon et tu me reproches à moi, un homme usé par les ans, de ne pas me souvenir de…

LA FILLE. Je te demande pardon.

LE PÈRE. Ce n'est rien… c'est l'ingratitude de ton âge… Tout le monde y passe, c'est normal quand on a seize ans.

LA FILLE. Dix-huit.

LE PÈRE. Dix-huit quoi ?

LA FILLE. Dix-huit ans, papa !

LE PÈRE. Ah oui ! Dix-huit ans, pardon. Tu es bien la fille de ta mère, précise, maniaque… *(La fille baisse soudain la tête.)* Chérie ?… Qu'est-ce qu'il y a ?… Ça ne va pas ? j'ai dit quelque chose qui ne fallait pas ?

LA FILLE. Tout va bien, papa.

LE PÈRE. Je te connais par cœur, tu es ma fille, mon unique enfant. D'accord, je ne sais plus comment tu t'appelles mais pour le reste, rien de toi ne m'échappe, de la tête aux pieds… Et là je vois bien que tu es préoccupée tout à coup…

LA FILLE. Je crois que tu as raison pour Henri.

LE PÈRE. Henri ? Qui est Henri ?

LA FILLE. Mon ami.

LE PÈRE. Il s'appelle Henri ?… Là tu vois, j'aime beaucoup, tu aurais été un garçon j'aurais adoré t'appeler Henri… "Henri" ! "Henri" ! Reconnais, c'est quand même autre chose que "Monique"…

LA FILLE. Justement je me le demande.

LE PÈRE. Quoi ?

LA FILLE. Je me demande parfois s'il n'aurait pas dû s'appeler Monique.

LE PÈRE. Henri ?

LA FILLE. Oui.

LE PÈRE. Ah non, s'il te plaît !

LA FILLE. Tu m'as ouvert les yeux tout à l'heure… Je suis en train de réaliser que parfois il se comporte comme une fille…

LE PÈRE. Ma chérie, je t'ai dit que pour moi ça ne posait aucun problème.

LA FILLE. Je n'ai rien vu… rien… j'étais aveugle… Et pourtant… tu sais ce qu'il vient de faire ?

LE PÈRE. Henri ?

LA FILLE. Oui, il vient d'inviter un lanceur de javelot qui prépare les jeux Olympiques.

LE PÈRE. Ça, c'est une bonne idée.

LA FILLE. Je crois que tu ne comprends pas. Il l'a installé dans son appartement.

LE PÈRE. Avec tout son équipement ?… Non, parce que les lanceurs de javelot ont un équipement considérable… On croit souvent qu'ils ont juste un sac avec des baskets et leur javelot, mais c'est totalement faux.

LA FILLE *(ahurie)*. Tu t'intéresses au javelot ?

LE PÈRE. Pas vraiment, disons que ce n'est pas mon sport favori… Mais j'ai toujours un œil sur le javelot, et je t'avoue que je ne comprends pas pourquoi nous n'avons jamais décroché la moindre médaille dans cette discipline… On ne peut pas, d'un côté, être les meilleurs du monde en football, et, de l'autre, de véritables merdes au lancer du javelot ! Il y a quelque chose qui ne tourne pas rond. Tu es bien d'accord ?

LA FILLE. Je m'en fous.

LE PÈRE. Tu as tort, chérie. Je ne pense pas qu'on pourra continuer éternellement à se cacher cette réalité et faire comme si ce problème n'existait pas… Maintenant, dire que j'ai fait quelque chose pour que ça change, non, c'est vrai je n'ai pas bougé le petit doigt pour qu'on sorte du trou, tandis qu'Henri, lui, d'après ce que tu me dis, a fait un geste… Je ne peux pas lui jeter la pierre.

LA FILLE. Tu veux dire que tu l'approuves !!

LE PÈRE. Ecoute, il accueille un lanceur chez lui, il lui donne un toit, il l'entoure d'affection, c'est très important d'être aimé avant la compétition, de ne pas se sentir seul au monde. J'ai l'impression qu'Henri va dans le bon sens pour qu'on s'en sorte.

LA FILLE. Que qui s'en sorte ?

LE PÈRE. La France, ma chérie, la France du javelot.

LA FILLE. Et moi là-dedans ?

LE PÈRE. Tu es française, oui ou non ? *(La fille baisse les yeux.)* Tu es malheureuse avec lui ? très malheureuse ?

LA FILLE. Oui.

LE PÈRE. C'est sûr, ça ne doit pas être facile de vivre avec un sportif, surtout de haut niveau.

LA FILLE. Mais Henri n'est pas sportif, papa. Il couche avec un sportif, ça n'a rien à voir.

LE PÈRE. Rien à voir, rien à voir, tu vas un peu vite, ma chérie ! Un homme qui a compris qu'il fallait briser l'isolement de ces athlètes trop souvent confrontés à une solitude atroce, en particulier dans ces stages soi-disant oxygénés, au sommet de nos montagnes où ils se retrouvent tous les soirs seuls, dans une chambre minuscule sous la soupente d'un chalet minable, cet homme-là, ma chérie, que tu le veuilles ou non, est un grand monsieur du sport !... Et s'ils étaient plus nombreux à aimer vraiment, comme il le fait, ces jeunes sportifs, il y a belle lurette que le javelot hexagonal aurait relevé la tête !... Alors moi, je dis bravo à Henri. Je suis fier de mon gendre !

LA FILLE. J'ai peur qu'il ne revienne jamais, papa…

LE PÈRE. Ne dramatise pas.

LA FILLE. Il me fuit de plus en plus…

Un temps.

LE PÈRE. Tu lui as dit que tu t'appelais Monique ?

LA FILLE. … Tu penses que c'est à cause de ça ?

LE PÈRE. Ça n'a peut-être pas arrangé les choses.

LA FILLE. Il ne me l'a jamais reproché. Je te le jure.

LE PÈRE. Il l'a peut-être refoulé ?

LA FILLE. Mon prénom ?

LE PÈRE. La haine de ton prénom… C'est dur tu sais de vivre avec quelqu'un qu'on doit appeler toute la journée "Monique"… On peut avoir envie de tuer à force… Alors on refoule… on refoule… On change son comportement pour cacher cette pulsion meurtrière… On cherche d'autres environnements pour l'oublier.

LA FILLE. Comme le javelot ?

LE PÈRE. Ce n'est pas impossible.

LA FILLE. Alors c'est à cause de "Monique".

LE PÈRE. Quoi ?

LA FILLE. Qu'il est devenu homosexuel ?

LE PÈRE. Imagine qu'il se soit dit un jour : après tout, toutes les femmes peuvent s'appeler "Monique" !

LA FILLE. Je vois.

LE PÈRE. Mets-toi à sa place, on ne peut pas vraiment lui en vouloir… D'autant que sa fuite dans une homosexualité positivement sportive, je veux dire une homosexualité utile pour un sport de jet très en déclin, est une aubaine pour l'athlétisme français… Tu sais, il aurait très bien pu t'étrangler… Non, crois-moi, toute cette histoire tourne plutôt bien… Tu n'as pas à te plaindre.

LA FILLE. Je comprends mieux… Pauvre Henri.

LE PÈRE. Oui, pauvre Henri, ça n'a pas dû être rose tous les jours pour lui non plus.

Un temps.

LA FILLE. Papa ?

LE PÈRE. Oui.

LA FILLE. Je crois qu'on ne s'est jamais autant parlé.

LE PÈRE. Peut-être.

LA FILLE. Je ne me suis jamais sentie aussi proche de toi qu'aujourd'hui…

LE PÈRE. C'est d'autant plus bête que je ne sache toujours pas comment tu t'appelles…

LA FILLE. Je suis désolée.

LE PÈRE. Non, non, c'est aussi un peu de ma faute… Je devrais m'en souvenir.

LA FILLE. On devrait s'en souvenir tous les deux.

LE PÈRE. Après tout il y a des choses plus graves qu'un prénom dans la vie.

LA FILLE. Nous sommes en bonne santé toi et moi, papa, c'est ça l'important.

LE PÈRE. Tu sais ce qui me ferait plaisir, c'est qu'on aille tous au restaurant ce soir, toi, Henri, le lanceur de javelot, Yolande et moi !

LA FILLE. C'est une idée géniale, papa !

LE PÈRE. Tous ensemble, unis, un vrai dîner de famille ! Allez viens, on va aller chercher ton mari et son ami et puis on va passer prendre maman au magasin.

LA FILLE. Elle qui adore les surprises, elle va être folle de joie.

LE PÈRE. Dépêchons-nous, le mercredi elle quitte le magasin plus tôt.

LA FILLE. On est mardi, papa.

LE PÈRE. Ah tant mieux !… On est mardi, tu es sûre ?

LA FILLE. Certaine… C'est le jour où je fais du sport à l'université.

LE PÈRE. Tu es à l'université ?… Quelle université ?

LA FILLE. Celle de notre quartier.

LE PÈRE. Notre quartier ? Nous avons un quartier en commun ?

LA FILLE. Papa, nous habitons tous le même immeuble…

LE PÈRE. Un immeuble ?…

LA FILLE. Oui papa.

Le père réfléchit un instant.

LE PÈRE. C'est vrai qu'on se parle beaucoup aujourd'hui… On se dit tout ce qu'on a sur le cœur.

LA FILLE. Mon petit papa.

Elle l'embrasse.

LE PÈRE. J'espère que je vais me souvenir où j'ai garé la voiture… *(Il attrape son manteau, entraîne sa fille vers la sortie. Soudain il s'arrête et la dévisage.)* Hélène ?… Ce ne serait pas Hélène ?

LA FILLE. Non.

LE PÈRE. Hélène de Troie ?

LA FILLE. Non.

LE PÈRE. Catherine de Médicis ? Antigone ? Cosette ? Ce sont des noms de ma jeunesse, des noms de l'âge où j'avais ton âge, à l'école, de quand j'étais petit… Françoise Dorléac ? Marquise de Sévigné ? *(Plein d'espoir.)* Marquise de Sévigné, c'est ça ?

LA FILLE. Non papa.

LE PÈRE. C'est dommage.

LA FILLE. Oui c'est dommage.

LE PÈRE. Je t'aime, ma fille… Tu sais je t'aime, sinon il y a longtemps que j'aurais abandonné.

LA FILLE. Moi aussi je t'aime, papa.

LE PÈRE. Madame Hanska !… Madame Hanska, l'amour de Balzac… C'est ça, je crois que cette fois… Non, non, réfléchis bien avant de répondre.

LA FILLE. Je réfléchis, papa…

LE PÈRE. Tu me le diras au dessert… Ce sera mon cadeau d'anniversaire… J'adore Balzac.

Il sort précipitamment.

LA FILLE. Ce n'est pas le 26, ton anniversaire ?

Elle le rejoint.

Paris, mai-juin 2000.

LE GOÉLAND

pour Edy Saiovici

PERSONNAGES

Le coiffeur
Le client

Un salon de coiffure modeste. Un seul client. Il est assis dans un fauteuil, une serviette autour du cou. Le coiffeur vêtu d'une blouse, ciseaux et peigne en main, lui coupe les cheveux avec précaution.
Le client a l'air préoccupé.

LE COIFFEUR. Et vous y pensez souvent ?

LE CLIENT. A chaque fois que je prends le train.

LE COIFFEUR. C'est peut-être le roulement...

LE CLIENT. Je ne sais pas.

LE COIFFEUR. Le roulement, ça rend souvent penseur.

LE CLIENT. En tout cas dès que je vois défiler à travers la vitre toutes ces villes, ces routes, ces fermes, aussitôt je me demande ce qui pousse les hommes à marcher, à conduire, à attendre le bus, à sortir les vaches, à aller dans un sens, à courir dans l'autre...

LE COIFFEUR. Je vais vous demander de pencher légèrement votre tête, merci...

LE CLIENT. Quelle force les pousse à faire tout ça plutôt qu'à ne rien faire ? Il doit bien exister une force !… Ils ne font pas ça d'eux-mêmes !

LE COIFFEUR. Je commence par un centimètre partout et puis vous me direz…

LE CLIENT. Labourer, traire, rafistoler une durite, cosigner un bail, stocker des hydrocarbures… ! Pourquoi fait-on ça ? On peut quand même se poser des questions, non ?… Stocker des hydrocarbures !!…

LE COIFFEUR. Il sera toujours temps de faire plus court si vous le souhaitez…

LE CLIENT. Assaisonner, joindre, vernir, pédaler, franchement pédaler ? Vous trouvez ça normal, vous, de pédaler ?

LE COIFFEUR. Je ne me rends pas bien compte.

LE CLIENT. Et vous tenir debout ?

LE COIFFEUR. Me tenir debout ?

LE CLIENT. Oui, vous trouvez ça normal de vous tenir debout, là les deux pieds sur le carrelage ?

LE COIFFEUR. Oui… j'ai l'impression… oui.

LE CLIENT. Eh bien ça ne l'est pas !

LE COIFFEUR. Ah bon ?

LE CLIENT. Non. Vous devriez pouvoir vous envoler.

LE COIFFEUR. Vous voulez dire… en l'air !!?

LE CLIENT. Oui. Seulement il y a quelque chose qui vous en empêche.

LE COIFFEUR. Ça alors !

LE CLIENT. Il y a une force, une force qui vous contraint comme six milliards d'êtres humains à rester collé sur la terre !

LE COIFFEUR. Non !!

LE CLIENT. Si !

LE COIFFEUR. Une force qui me… ?

LE CLIENT. Oui. L'attraction universelle ! Découverte par Newton en regardant tomber une pomme.

LE COIFFEUR. Un Anglais ?

LE CLIENT. Oui. Il s'est posé cette question : pourquoi cette pomme tombe par terre ? Est-ce qu'il est naturel qu'elle se dirige vers le sol ?

LE COIFFEUR. Ils sont incroyables ces Anglais !

LE CLIENT. Et moi je vous demande aujourd'hui : électrifier une zone, discuter le bout de gras, améliorer la race chevaline… Vous trouvez ça naturel ?

LE COIFFEUR. Vous voulez dire… par rapport à la pomme ?

LE CLIENT. Par rapport à l'homme, Georges ! Pourquoi massicoter, pourquoi piloter, pourquoi refaire un ourlet, pourquoi repeindre la cuisine ?… Pourquoi ?

LE COIFFEUR. … L'instinct de survie ?

LE CLIENT. L'instinct de survie !

LE COIFFEUR. … Oui… Enfin sauf peut-être pour l'ourlet… Enfin je vous dis ça avec des pincettes… c'est une impression de coiffeur… de coiffeur de Châtillon, pas plus.

LE CLIENT. Alors je peux savoir ce qui nous oblige à suivre cet instinct de survie, comme vous dites ?

LE COIFFEUR. Monsieur Shartzberg, vous devriez peut-être moins prendre le train… Remarquez, tout ça c'est de ma faute, j'aurais pas dû vous poser des questions sur votre retour de vacances.

LE CLIENT. Georges, ouvrez les yeux ! Vous sautillez autour de moi depuis vingt minutes, sanglé dans une petite blouse acrylique bleu pâle, cliquetant sans arrêt vos ciseaux, avec pour seule préoccupation la longueur de mes cheveux… Vous trouvez ça normal ?

LE COIFFEUR. Vous pensez que je suis bizarre, monsieur Shartzberg ? C'est ça ?

LE CLIENT. Avouez qu'il y a bien une force qui vous pousse à consacrer tous les jours ouvrables de votre existence à démêler la tignasse de vos semblables avec un petit râteau en corne synthétique ! Ne me dites pas que cette action saugrenue est consubstantielle à votre être profond, vous n'êtes quand même pas né pour passer une tondeuse du matin au soir sur la nuque de vos contemporains !

LE COIFFEUR. C'est ce que dit ma femme quand je rentre tard.

LE CLIENT. Est-ce qu'elle vous dit aussi que votre génome n'a aucune chance d'avoir été programmé pour brusher, teindre ou tondre ?

LE COIFFEUR. Non elle ne me le dit pas.

LE CLIENT. Avez-vous le moindre souvenir d'un désir prénatal pour le shampooing ?

LE COIFFEUR. Je… je ne crois pas… non.

LE CLIENT. Vous ne croyez pas ou vous en êtes sûr ?

LE COIFFEUR. Ah monsieur Shartzberg, j'aimerais tellement pouvoir vous répondre… D'habitude je communique très bien avec la clientèle.

LE CLIENT. Je suis navré, Georges, même si vous êtes persuadé du contraire, je n'ai pas l'impression de vous faire perdre votre temps en vous posant cette simple question : qu'est-ce qui vous pousse à être coiffeur ?

LE COIFFEUR. … C'est vrai que mon père n'était pas très pour… mais attention, il ne m'a pas empêché… jamais… Mon père avait ses idées mais c'était un homme très doux… il n'aimait pas la bagarre si vous voyez ce que je veux dire… il n'aimait pas recevoir des coups ou en donner… il préférait être d'accord, il disait que c'était bon pour la santé… qu'être d'accord ça permettait de vivre plus vieux…

il m'a même aidé à acheter mon premier salon… Mais bon, vous dire qu'au fond de lui il n'espérait pas autre chose pour son fils…

LE CLIENT. Et pourtant vous l'êtes devenu ! Il y a donc, vous en conviendrez, quelque chose que vous ne dominez pas qui vous a contraint à cette activité, que non seulement votre père réprouvait mais qui même pour vous, soyez honnête, reste totalement incompréhensible, ne serait-ce que par rapport à votre physique.

LE COIFFEUR. Ça c'est vrai, j'ai un physique de chanteur.

LE CLIENT. Il ne s'agit pas de cela, Georges, je parle de votre physique d'homme, de mammifère évolué, de grand singe bipède, croyez-moi lorsqu'on vous regarde développer votre mètre quatre-vingts…

LE COIFFEUR. Oh là, vous êtes gentil, soixante-quinze à peine…

LE CLIENT. … Avec vos membres supérieurs puissants, votre cage thoracique imposante, cette mâchoire solide capable de réduire en bouillie n'importe quel aliment, quand on examine vos narines, vos oreilles, vos pieds, on ne peut pas imaginer que vous ayez été conçu pour vaporiser de la laque, pas plus que la pomme d'ailleurs n'a été faite pour s'écraser dans l'herbe.

LE COIFFEUR. Vous pensez que j'ai fait fausse route ?…

LE CLIENT. Oui ! Quelque chose vous y a forcé ! Comme cette foutue loi de l'attraction universelle qui vous force à rester collé sur le carrelage. Pourtant quand on regarde vos bras, on voit bien qu'il aurait suffi d'un ou deux battements pour que vous filiez au-dessus des nuages…

LE COIFFEUR. Maintenant que vous le dites… C'est vrai qu'il m'est arrivé d'avoir envie de voler… trois, quatre fois… mais tranquillement vous voyez, dans les parages… au-dessus de l'étang de Massy, du boulevard Jean-Moulin avec les platanes… et puis revenir par la mairie… Attention ! ni vite ni très haut… pas comme le martinet, non plutôt un vol de goéland, tout blanc, tout calme.

LE CLIENT. Donc au fond ce que vous ressentez en vous, c'est une mouette.

LE COIFFEUR. Une grande mouette.

LE CLIENT. Et pas un coiffeur.

LE COIFFEUR. C'est sûr, coiffeur… C'est comment dire… Mais j'ai pas terminé de payer la boutique alors… je ne peux pas arrêter… enfin, tout de suite… Mais c'est sûr, si j'avais le choix… j'aimerais bien *(il rit)* faire le goéland… Je vois la tête de ma femme…

LE CLIENT. Et pourquoi vous n'avez pas le choix ?

LE COIFFEUR. Parce que… parce qu'il y a sûrement une force qui m'en empêche…

LE CLIENT. Vous y êtes, Georges ! Vous y êtes !

LE COIFFEUR. Grâce à vous, monsieur Shartzberg.

LE CLIENT. Vous réalisez, Georges, nous sommes tous prisonniers, tous !

LE COIFFEUR. Pourquoi je n'ai pas plus souvent des clients comme vous, pourquoi ?

LE CLIENT. Georges ?

LE COIFFEUR. Monsieur Shartzberg ?

LE CLIENT. Voulez-vous vous joindre à moi pour lutter contre cette force qui nous opprime, la traquer, l'obliger à se montrer, la calculer et puis la détruire ?

LE COIFFEUR. Moi !?

LE CLIENT. Nous sommes les deux premiers à savoir qu'elle existe… Nous sommes des pionniers, Georges, des pionniers de la liberté, de celle qui nous est refusée chaque seconde.

LE COIFFEUR. Si j'avais pu imaginer…

LE CLIENT. Cette découverte portera nos deux noms.

LE COIFFEUR. Oh non, monsieur Shartzberg, c'est vous qui…

LE CLIENT. Nos deux noms ! Si vous ne m'aviez pas avoué que vous vouliez être un goéland, je crois que j'aurais fini par douter.

LE COIFFEUR. Quand je pense que si madame Lalo ne s'était pas décommandée, je n'aurais pas pu vous prendre… A quoi ça tient.

LE CLIENT. Le hasard et la nécessité, Georges, c'est ainsi que l'humanité progresse. Nous n'échappons pas à la règle.

LE COIFFEUR. Oui mais enfin, tout ça à Châtillon, dans mon modeste salon… !

LE CLIENT. Le salon de la découverte, Georges ! Alors vous acceptez ?

LE COIFFEUR. Si ça peut aider l'humanité… Je ne vais pas refuser bien sûr.

LE CLIENT. Merci, Georges. Je ne sais pas ce que vous en pensez mais moi je suis pour un travail régulier, à heure fixe… Un rendez-vous quotidien vous conviendrait ?

LE COIFFEUR. Ici ?

LE CLIENT. Ou dans le train. Les idées sont fragiles, ne nous éloignons pas des lieux où elles naissent.

LE COIFFEUR. Dans ce cas-là, je préfère ici… Mais tous les jours ?

LE CLIENT. Si nous nous fixons comme objectif d'aboutir à la fin de l'année – ce qui serait, reconnaissez-le, un beau cadeau de Noël pour la planète – il me semble qu'un travail de trois heures, disons six jours par semaine, est un minimum.

LE COIFFEUR. Ah quand même…

LE CLIENT. Georges, vous n'imaginez tout de même pas révolutionner trente millions d'années de comportement humain en deux coups de cuillère à pot !

LE COIFFEUR. Bien sûr que non… Vous pensez qu'il serait possible de faire ça à l'heure des repas ?

LE CLIENT. Vous voulez dire entre midi et quinze heures ?

LE COIFFEUR. Par exemple.

LE CLIENT. Pourquoi pas !… Nous en profiterions pour jeûner, c'est excellent pour la vivacité de l'esprit.

LE COIFFEUR. Ça me permettrait de ne pas… comment dire… perdre trop de clients.

LE CLIENT. Georges, pensez-vous vraiment que lorsque vous allez annoncer à vos clients votre décision de les libérer une bonne fois pour toutes de leur esclavage quotidien, vous allez les perdre ? Vous allez les gagner, Georges ! Et quand dans un jour proche, vous volerez avec eux au-dessus de la ville abandonnée, croyez-moi, ils vous béniront de leur avoir refusé votre peigne et vos ciseaux pendant trois petites heures par jour…

LE COIFFEUR. Mais vous avez raison ! Vous savez, monsieur Shartzberg, personne, jamais personne ne m'a autant ouvert les yeux que vous…

LE CLIENT. Parfait, nous commençons demain !

Le client se lève.

LE COIFFEUR. Donc midi… Je vais le noter tout de suite…

LE CLIENT. Qu'est-ce que je vous dois ?

LE COIFFEUR. Vous plaisantez, monsieur Shartzberg… Je vais juste, si vous le permettez, récupérer ma serviette. *(Il lui détache la serviette nouée autour de son cou.)* Voilà… *(Il place un petit miroir derrière sa nuque.)* Ça vous va comme ça ?

LE CLIENT. Très bien.

LE COIFFEUR. C'est rafraîchi sans être court, parce que pour vous dire la vérité, je vous préfère avec les cheveux un peu souples… ondulants disons…

LE CLIENT. Appelons ça si vous le voulez bien la coupe "postérité". *(Il rit, le coiffeur fait de même.)* Bien, Georges… A demain.

Il serre la main du coiffeur et se dirige vers la sortie.

LE COIFFEUR. Monsieur Shartzberg… Je peux vous poser une question ?

LE CLIENT. Je vous en prie.

LE COIFFEUR. Est-ce que vous pensez qu'il y a une autre force qui vous pousse à découvrir cette force ou que c'est la même… ?

LE CLIENT. Bien, Georges ! Bien ! Nous ouvrirons la cession de demain sur cette interrogation…

LE COIFFEUR. Parce que si c'est la même, une fois que nous l'aurons trouvée, vous ne serez plus obligé d'y penser… plus du tout ?

LE CLIENT. Probablement… Je pense que nous allons faire du bon travail.

LE COIFFEUR. J'en meurs d'envie, monsieur Shartzberg !

Il sort.
Le coiffeur retourne près du siège, attrape un balai et rassemble les cheveux éparpillés sur le carrelage. Il s'arrête intrigué, se baisse et ramasse par terre une plume blanche.

Paris, août-septembre 2000.

DIMANCHE

pour Juliette Chanaud

PERSONNAGES

La fille
Le père
La mère

Dans une semi-obscurité, un gigantesque stylo-bille crève le plafond et vient se planter dans le sol. Fracas, pluie de gravas, tout vibre et puis silence.
Une porte s'ouvre timidement. Le visage de la fille apparaît. Elle est mal réveillée. Elle allume. Elle regarde, muette, l'étrange objet fiché dans le parquet au milieu du salon, puis elle appelle.

LA FILLE. Papa !… Papa !

LE PÈRE *(off)*. Je suis dans la salle de bains.

LA FILLE. Il y a un stylo-bille dans le salon.

LE PÈRE *(off)*. Quoi ?

LA FILLE. Il y a un stylo-bille dans le salon… il est debout.

LE PÈRE *(off)*. C'est toi qui as pris le coupe-ongles, chérie ?

LA FILLE *(s'approchant)*. Il mesure trois mètres.

LE PÈRE *(off)*. Je l'avais posé sur la baignoire.

LA FILLE. Il a crevé le toit… C'est un gros stylo-bille, papa.

Le père en peignoir de bain entre dans le salon.

LE PÈRE. Qu'est-ce que tu racontes… *(Il se fige devant l'objet.)* Nom de Dieu ! Mais qu'est-ce que… !?

LA FILLE. Un gros stylo-bille.

LE PÈRE. Enorme tu veux dire *(il tourne autour, éberlué)*, il doit peser cinq à six cents kilos…

LA FILLE. Il est en plastique ?

LE PÈRE *(le touche)*. Oui, oui, c'est un vrai. *(Il appelle.)* Liliane !

LA MÈRE *(off)*. Je suis dans la cuisine.

LE PÈRE. Un stylo-bille d'une demi-tonne vient de tomber dans le salon.

La mère en robe de chambre entre.

LA MÈRE. Je n'ai pas compris… *(Elle pousse un cri en découvrant l'objet.)* Qu'est-ce que c'est que ça !!?

LA FILLE. Papa vient de te le dire, maman, un stylo-bille d'une demi-tonne.

LA MÈRE *(sous le choc)*. Un stylo… tu veux dire… Frédéric tu es sûr que c'est un stylo-bille ?!

LE PÈRE. Bah, qu'est-ce que tu veux que ce soit ?

LA MÈRE. Je ne sais pas moi… Le dimanche à neuf heures du matin… ce n'est pas forcément…

LE PÈRE. Enfin Liliane, tu n'es pas aveugle, tu vois bien le capuchon, le corps où passe l'encre et puis la pointe en métal avec la bille !

La mère regarde le père.

LA MÈRE. C'est toi ?

LE PÈRE. Moi quoi ?

LA MÈRE. Qui as commandé un stylo-bille d'une demi-tonne ?

LE PÈRE. Et pourquoi j'aurais commandé un stylo-bille d'une demi-tonne ?

LA MÈRE. La semaine dernière tu as bien commandé un palmier.

LA FILLE. C'était pour le jardin, maman.

LA MÈRE. Oui mais enfin c'était un palmier d'une demi-tonne… Tu es sûr que ce n'est pas toi ?

LE PÈRE. Mais à qui veux-tu que je commande ça ? Je ne sais pas moi qui fabrique ces trucs-là ! Tu le sais toi ?

LA MÈRE. Non… Tu as pianoté ?

LE PÈRE. Pianoté ?

LA MÈRE. Sur Internet, comme au mois de janvier, tu ne te souviens pas les tables de billard chauffantes ? Trois, ils nous en ont livré Internet avec leur camion qui a esquinté la pelouse.

LE PÈRE. Ça n'a rien à voir, Liliane !

LA MÈRE. Maintenant ils cassent le plafond ! Mais qui conduit chez Internet ?!

LE PÈRE. C'était une erreur, les tables de billard chauffantes, une erreur informatique. Ils ont tout de suite compris qu'ils s'étaient trompés d'adresse, que ce n'était pas pour nous.

LA FILLE. Et ça tu crois que c'est pour nous, papa ?

LE PÈRE. Je ne sais pas… Mais je n'ai pas pianoté.

LA MÈRE. Alors tu peux m'expliquer d'où ça vient ?… Il n'y a même pas d'étiquette.

LA FILLE. C'est peut-être un cadeau.

LA MÈRE. De qui ?

LA FILLE. Du ciel.

LA MÈRE. Je t'en prie, Séverine, ne dis pas n'importe quoi !

LA FILLE. Putain, le rationalisme !

LA MÈRE. Bon Frédéric, qu'est-ce qu'on fait ?… On appelle les pompiers ?

LE PÈRE. Les pompiers ! Tu vas déranger les pompiers un dimanche à neuf heures du matin pour un stylo-bille !

LA FILLE. Avec tous les morts sur la route…

Un temps.

LA MÈRE. Alors on ne fait rien ?… Frédéric, je te parle !… On ne fait rien ?

88

LE PÈRE. On ne fait rien, on ne fait rien, on en profite !

LA MÈRE. Tu veux récupérer l'encre ?

LE PÈRE. On ne profite pas du stylo-bille, Liliane, on profite de l'événement ! Ce n'est pas tous les jours qu'un instrument d'écriture de cette taille transperce de part en part votre maison.

LA FILLE. Reconnais que c'est rare, maman… surtout dans la Creuse.

LA MÈRE. Séverine, ta famille est originaire de la Creuse depuis cinq générations, c'est un département magnifique qui nous a donné de grandes joies et de beaux enfants, rempli d'histoire, de géographie, d'animaux superbes, et de fleurs multicolores… Alors, s'il te plaît, sois-en fière plutôt que de le rabaisser, déjà qu'avec son nom "Creuse", tout le monde croit que c'est un département qui descend, qui est au fond d'un trou, alors qu'en vérité il est très concave, très au-dessus des autres…

LE PÈRE. C'est peut-être pour ça qu'il a choisi la Creuse.

LA MÈRE. Qui ?

LE PÈRE (*désignant le stylo-bille*). Lui.

LA MÈRE (*ahurie*). Tu l'appelles "lui" ?

LE PÈRE. Comment veux-tu que je l'appelle ?… Il n'a pas un prénom !

LA MÈRE. Un prénom ! tu voudrais qu'il ait un prénom ?!

LE PÈRE. Je n'ai pas dit ça…

LA FILLE. Un gros stylo-bille avec un prénom, ce serait super !

LA MÈRE. Frédéric, qu'est-ce qui se passe ?… J'ai l'impression que ça te fait plaisir que ce machin soit arrivé chez nous.

LE PÈRE. Pour une fois que ce n'est pas ta sœur qui débarque avec ses enfants, c'est plutôt une bonne surprise, non ?

LA MÈRE. Une bonne surprise ?… Tu es à jeun c'est pour ça… tu n'as pas pris ton café…

LA FILLE. Et puis c'est hyper-top pour un dimanche, c'est tellement chiant le dimanche.

LA MÈRE. Si tu étais croyante tu ne dirais pas ça, Séverine, pour les croyants, je peux t'assurer que le dimanche est un jour de joie, de lumière, c'est le jour où le Christ est ressuscité.

LE PÈRE. C'est vrai ça s'est aussi passé un dimanche.

LA MÈRE *(piquée)*. Comment ça "aussi" ?

LE PÈRE. Le même jour, c'est drôle, non ?

LA MÈRE *(outrée)*. Frédéric, tu ne vas tout de même pas comparer la sortie de notre Seigneur Jésus du tombeau avec l'entrée de ce machin en plastique chez nous !!?

90

LE PÈRE. C'est quand même deux mystères, Liliane, deux mystères du dimanche.

LA FILLE. Papa a raison, maman.

LA MÈRE. Non, papa n'a pas raison, parce que papa oublie que la résurrection du Christ n'est pas un mystère, mais un miracle ! Désolée, ça n'a rien à voir. Jésus est réapparu après sa mort, il est allé discuter avec les apôtres et il est monté au ciel. Il n'y a rien de mystérieux là-dedans ! Tout le monde l'a vu.

LA FILLE. Le stylo-bille aussi on le voit.

LA MÈRE. Séverine s'il te plaît !

LE PÈRE. Reconnais, on le voit parfaitement.

LA FILLE. Putain et si c'était un miracle en moderne !

LA MÈRE. Non, là Séverine je t'interdis !!

LA FILLE. Un miracle à la maison, maman, ce serait d'enfer !

LA MÈRE. Stop ! Maintenant stop !

LE PÈRE. On est au XXIe siècle, Liliane, tu dois accepter que les miracles progressent.

LA MÈRE. Tu ne vas pas m'apprendre ce qu'est un miracle ! Je te rappelle que nous sommes chrétiens depuis trente-sept générations dans ma famille, et pas des bigots, pas des chaisières, des vrais chrétiens, des chrétiens de la Creuse, ceux qui ont arrêté les Arabes à Poitiers, et c'est d'ailleurs pour ça que j'ai coupé ton palmier dans le jardin, ça rappelait de trop mauvais souvenirs.

LE PÈRE. Qui te dit que c'est un miracle chrétien ?

LA MÈRE *(soudain inquiète)*. Qu'est-ce que tu veux dire ?

LA FILLE. Il y a d'autres religions super, maman !

LA MÈRE *(de plus en plus inquiète)*. Frédéric… à quoi tu penses… c'est Allah ? Tu crois que c'est Allah qui…

LE PÈRE. Tout est ouvert… *(Prise de panique, la mère se précipite vers la porte.)* Où tu vas !!?

LA MÈRE. Appeler les gendarmes !

LA FILLE. Putain, le rationalisme !

Le père se rue sur la mère, l'empêche de sortir en tentant de la raisonner.

LE PÈRE. Qu'est-ce que ça va changer les gendarmes ? Ils vont mesurer le stylo-bille, le photographier, relever les empreintes, nous poser des questions comme pour les poules du voisin, et finalement quoi ? Ils ne vont rien trouver.

LA MÈRE. Frédéric, ne dis pas de mal des gendarmes de la Creuse.

LE PÈRE. Liliane, il y a des choses qu'aucun gendarme au monde ne peut comprendre.

LA MÈRE. Allah ils peuvent, ils ont l'habitude…

Il prend les mains de sa femme, et plonge ses yeux dans les siens.

LE PÈRE. Et si c'était autre chose…

LA MÈRE *(perdue)*. Autre chose ?

LE PÈRE. Liliane… Imagine qu'on ait été choisis.

LA MÈRE. Choisis ?

LE PÈRE. Elus, si tu préfères.

LA MÈRE. Elus… mais par qui ?… Par le super-marché… à cause de ma carte de fidélité… au rayon papeterie ?… Tu penses que c'est ça ?

LE PÈRE. Pas vraiment.

LA MÈRE *(terrorisée)*. Mais alors Frédéric… élus par qui ?

LE PÈRE. Disons par une force supérieure.

LA FILLE. Une force supérieure, ce serait génial !

LA MÈRE. Frédéric… tu me fais peur.

LA FILLE. Moi j'adore !

LE PÈRE. Après tout peut-être qu'on le mérite.

LA MÈRE. Mais… mais qu'est-ce qu'on a fait ?

LE PÈRE. Moi en tout cas j'ai beaucoup travaillé, beaucoup, j'ai fait vivre ma famille, j'ai élevé ma fille, je suis allé avec vous tous les étés à Concarneau, j'ai payé la femme de ménage pendant des années, j'ai prêté ma voiture à ton frère qui me l'a mise dans le fossé, je dîne avec toi chez ta mère tous les mardis, et depuis son hémiplégie le vendredi aussi, et si j'ai bonne mémoire, je n'ai pas mis les pieds sur un champ de courses depuis 86.

LA MÈRE. … Et alors ?

LE PÈRE. Et alors, peut-être qu'aujourd'hui quelqu'un est venu me dire : "Ça suffit, Frédéric Botron, ça suffit, ton devoir est terminé, tu as mieux à faire ailleurs, pars…"

LA MÈRE. Pars ?…

LE PÈRE. La page est à nouveau blanche, va l'écrire, n'attends pas, pars… quitte la Creuse.

LA MÈRE *(bouleversée)*. Frédéric… Ce n'est pas possible.

LE PÈRE. Qu'est-ce qui n'est pas possible, Liliane ? Est-ce que ce matin en nous réveillant nous pensions possible qu'un stylo-bille tombe du ciel et perfore notre maison ?

LA MÈRE *(les larmes aux yeux)*. Non, c'est vrai…

LE PÈRE. Désormais tout devient possible.

LA FILLE. Putain, le kif !

LE PÈRE. Bon, je vais faire ma valise.

LA FILLE. Dingue… c'est dingue !

LA MÈRE *(crie)*. Frédéric !!

LE PÈRE. Je suis obligé.

LA MÈRE. Dis-moi la vérité… Il t'a parlé ?

LE PÈRE. Qui ?

LA MÈRE *(désignant le stylo-bille)*. Lui… Il t'a dit quelque chose ?

LE PÈRE. C'est un stylo-bille, Liliane, ça n'a pas de bouche.

LA MÈRE. Alors, comment tu sais que tu dois partir ?

LE PÈRE. Liliane, il faut que tu comprennes une fois pour toutes que je ne suis pas uniquement un paquet de viande enveloppé dans un peignoir de bain, j'ai aussi une âme, un instinct, et une spiritualité matinale très développée que, c'est vrai, j'ai toujours essayé de cacher pour ne pas avoir l'air trop différent des habitants de la Creuse qui sont disons… terriens…

LA FILLE. Yeah !!

LA MÈRE *(à bout)*. Séverine, je t'en supplie…

LA FILLE. Quoi ! Regarde comme il bouge, comme il est sexe !… On dirait une rock star ! J'adore quand papa est appelé par Dieu !

LE PÈRE. Voilà le mot : "appelé"… Dès qu'il est arrivé, j'ai capté cet appel et peu à peu je l'ai décrypté "pars, Frédéric Botron, pars…".

La fille attrape un appareil photo et mitraille son père. Les flashs crépitent.

LA MÈRE. Tu sais que c'est l'anniversaire de papa, aujourd'hui… On fête ses cent deux ans ce soir.

LE PÈRE. Je sais bien…

LA MÈRE. Tout le monde sera là, Corinne, Françoise, Jojo, Jean-Loup, Henri, Yvonne…

LA FILLE. Mouloud viendra ?

LA MÈRE. Non, Mouloud ne viendra pas ! *(Repre-
nant.)* François et son frère, Sophie qui vient d'ac-
coucher, même les cousins de la Creuse du Sud
montent…

LE PÈRE. J'aurais adoré être avec vous, surtout
que je n'ai jamais manqué un seul anniversaire de
la famille, ça, jamais un seul !… Mais là, tu comprends bien…

LA MÈRE. Qu'est-ce que je vais leur dire ?

LE PÈRE. La vérité !… Que j'ai été élu tôt ce matin.

LA FILLE. Putain ça va les fendre !

LE PÈRE. Bon Liliane *(il désigne le stylo-bille)*,
j'ai peur qu'il se fâche… Tu sais, ils ne vous appel-
lent pas deux fois…

LA FILLE. Go papa, go !

Il se précipite vers la porte.

LA MÈRE. Tu ne l'emportes pas ?

LE PÈRE. Non… non, j'en ai déjà un. *(Il sort un
stylo-bille de sa poche.)* Tu vois, exactement le
même… Comme quoi c'était écrit. Allez, bisous !

Il sort. La fille se dirige vers le stylo-bille.

LA FILLE. Putain maman, il a écrit !

LA MÈRE. Quoi !!?

LA FILLE. Le stylo-bille, il a écrit par terre…

LA MÈRE. Non !!

LA FILLE. Juré !

LA MÈRE. Qu'est-ce qu'il a écrit ?

LA FILLE *(lisant)*. "Replante un palmier" !

LA MÈRE. J'en étais sûre ! *(Elle s'effondre en larmes, murmurant :)* J'aurais dû appeler les gendarmes, j'aurais dû appeler les gendarmes…

LA FILLE. Putain quel dimanche d'enfer !

Une musique raï éclate. La fille danse, la mère pleure, tandis que les lumières baissent jusqu'au noir.

Noir.

Paris, mai 2001.

BRONCHES

pour Jean-Claude Camors

PERSONNAGES

Jean
Claudine

Claudine et Jean marchent dans la rue. Ils marchent vite, ils parlent vite. Jean porte une perruque Louis XV. Il est excédé.

JEAN. Tu veux que je recommence ? Tu veux que je replonge c'est ça !? Tu sais Claudine c'est très facile, j'en meurs d'envie.

CLAUDINE. Je n'ai pas dit ça.

JEAN. Ah oui, alors qu'est-ce que tu as dit, vas-y répète ! Tu crois que je suis sourd !

CLAUDINE. J'ai dit que tu aurais peut-être pu essayer de t'en passer, juste le temps qu'on aille acheter le sèche-linge, pour une fois que tu m'accompagnes au magasin, au grand magasin, pour une fois !

JEAN. La vérité, c'est que je te gêne, c'est ça la vérité, je t'embarrasse, tu as honte, honte de moi, réponds Claudine !

CLAUDINE. Trois ans au rayon ménager, trois ans j'ai travaillé au sous-sol, grand ménager précisément.

JEAN. Je sais, ça je sais !

CLAUDINE. Et c'est la première fois que j'y retourne, en plus en cliente, en plus avec un mari, moi qui étais vendeuse seule, la célibataire du grand ménager. Alors mets-toi à ma place. Quand même Jean, mets-t'y !

JEAN. Si j'avais une canne, une béquille, un fauteuil roulant, tu me demanderais la même chose ?

CLAUDINE. Tu ne vas quand même pas comparer un fauteuil roulant à une perruque Louis XV !

JEAN. Je vois. Tu préférerais présenter à tes ex-collègues de travail un mari avec des jambes mortes que tu pousserais devant toi sur l'escalator plutôt qu'un homme qui porte des cheveux artificiels légèrement cendrés ! Je rêve Claudine, dis-moi que je rêve !

CLAUDINE. C'est si dur de me faire plaisir, un tout petit plaisir d'un quart d'heure ?

JEAN. Et si je craque ?

CLAUDINE. Quinze minutes, Jean, tu peux tenir, ça ne durera pas plus, promis, on dit bonjour à monsieur Mercier le chef de rayon : "Oh la Claudine ! la Claudine ! elle a eu son mâle, la Claudine, qui aurait pu croire ça, la Claudine !"

JEAN. Quoi ?

CLAUDINE. C'est ce qu'il va dire en te voyant, il est très spontané comme chef de rayon monsieur

Mercier, on lui commande tout de suite le sèche-linge : "Oh ! la Claudine ! la Claudine ! elle se paye un sèche-linge, qui aurait pu croire ça, la Claudine !" Il m'embrasse, on paye sans faire la queue, je connais Martine la caissière : "Qu'est-ce que ça me fait plaisir, Claudine. *(Bas.)* Il est beau comme un Turc, dis donc !" Pas plus, elle dira pas plus, elle est courte Martine, quand elle a dit "Turc" elle a tout dit, et on s'en va… Quinze minutes pas plus, tu l'enlèves, quinze minutes, et tu la remets… S'il te plaît…

JEAN. Et si ça me reprend, comme ça d'un coup, si j'en ai besoin, si je ne peux pas me retenir, si j'ai le manque…

CLAUDINE. S'il te plaît… J'aimerais tellement être fière de toi à Conforama… C'est un peu ma famille… Jean…

Jean s'arrête. Il pense.

JEAN. Et ailleurs ?

CLAUDINE. Ailleurs ?

JEAN. On peut pas l'acheter ailleurs le sèche-linge, ailleurs que dans ta famille… ?

CLAUDINE. J'en ai vendu tellement là-bas, maintenant que je peux m'en acheter un…

JEAN. C'est une revanche ?

CLAUDINE. Totale ! Avec un mari c'est une revanche totale.

JEAN. Et si j'ai une perruque Louis XV ce n'est pas une revanche totale ?

CLAUDINE. Non. Ils vont se moquer, ils vont dire que j'ai épousé un noble.

JEAN. Et c'est mal, un noble ?

CLAUDINE. Un noble à perruque oui. Ça fait vieux. Ça fait Ancien Régime.

JEAN. Ils sont communistes, à Conforama ?

CLAUDINE. Je veux plus que tu me poses de questions, Jean, je veux que tu me fasses plaisir, plaisir au grand magasin, c'est comme un voyage de noces pour moi, comme un voyage de noces…

JEAN. J'ai tout essayé, Claudine, tu le sais, tout, pour arrêter de fumer, rien n'a marché, rien, sauf la perruque Louis XV, qu'est-ce que j'y peux ! QU'EST-CE-QUE-J'Y-PEUX !?

CLAUDINE. Par amour on peut tout faire, on peut tenir quinze minutes sans tabac, l'amour c'est un bouclier.

JEAN. La cigarette traverse l'amour chez moi, Claudine, ça fait trois ans que je t'aime dur comme fer et t'as vu la couleur de mes bronches ! Charbon. Deux corons, j'en rallume une et c'est le grisou ! Tout pète ! *(Claudine éclate en sanglots.)* Pleure pas mon canard, tu l'auras ta revanche, on va y aller au rayon grand ménager, et je vais leur expliquer à ta famille, et crois-moi ils vont être fiers de toi, Claudine, fiers d'une femme qui préfère que son mari ait une perruque Louis XV plutôt qu'un cancer aux poumons. Fiers de toi. Oui.

CLAUDINE. Le problème, Jean, c'est que ta perruque ne fait pas Louis XV.

JEAN. Elle fait Louis XVI ?

CLAUDINE. Non.

JEAN. Louis XVIII ?

CLAUDINE. Elle fait tante.

JEAN. Tante ?

CLAUDINE. Grosse tante, fiotte, tarlouze… C'est les gens du quartier qui le disent, Jean… Quand tu passes, c'est ça qu'ils disent…

JEAN. Ils sont communistes, les gens du quartier ?

CLAUDINE. Je leur ai tout expliqué mais ils m'ont rétorqué qu'un homme qui arrête de fumer n'est pas un homme, que les vrais hommes ils fument comme Churchill.

JEAN. C'est vrai qu'il avait des couilles, celui-là… Seul contre des milliers d'avions allemands, fallait être un solide gaillard…

CLAUDINE. Et moi j'ai envie d'emmener quelqu'un comme Churchill à Conforama… C'est si incompréhensible que ça ?

JEAN. Non bien sûr…

CLAUDINE. Ce serait ça la revanche totale, que je revienne acheter mon sèche-linge avec mon mari Churchill.

JEAN. C'est tout à fait compréhensible, Claudine…

CLAUDINE. Et pas avec un pédé.

JEAN. J'espère bien, dis donc !

CLAUDINE. Jean ?

JEAN. Oui.

CLAUDINE. Je veux pas que tu meures, tu sais…

JEAN. C'est vrai que si tu avais envie que je meure, je ne vois pas pourquoi on irait acheter un sèche-linge.

CLAUDINE. Alors si tu gardes ta perruque au rayon ménager, est-ce que au moins… tu pourrais parler anglais.

JEAN. OK.

CLAUDINE. C'est pas assez "OK".

JEAN. As you like.

CLAUDINE. Oh ! merci… Merci beaucoup.

JEAN. You are welcome…

CLAUDINE. Là d'accord, là c'est la revanche !

Ils s'éloignent bras dessus, bras dessous.

JEAN. Happiness is letting your laundry dry at the window.

CLAUDINE. Qu'est-ce que tu dis ?

JEAN. C'est une vieille phrase de Winston qui me revient : "Pour vivre heureux, faites sécher votre linge à la fenêtre."

Paris, mars 2001.

USA

*à la mémoire de Roland Blanche
et de nos fous rires*

PERSONNAGES

Monsieur One
Monsieur Two

*Monsieur One et Monsieur Two, deux golfeurs traî-
nant leur sac derrière eux, marchent sur un green.*

MONSIEUR ONE. J'ai l'impression que ça fait des
siècles que nous n'avons pas marché ensemble,
non Bob ?

MONSIEUR TWO. J'aimerais autant que tu ne
m'appelles pas Bob.

MONSIEUR ONE. J'adore t'appeler Bob.

MONSIEUR TWO. Peut-être, mais je te demande
de t'abstenir.

MONSIEUR ONE. Ça te gêne que je t'appelle Bob ?

MONSIEUR TWO. Beaucoup.

MONSIEUR ONE. Je peux savoir pourquoi ?

MONSIEUR TWO. Parce que je ne m'appelle pas
Bob.

MONSIEUR ONE. Je te remercie, je le sais ! Je te
rappelle que nous sommes amis et associés depuis
vingt ans ! Je te demandais simplement pourquoi
ça te gênait que je t'appelle par ce diminutif ?

MONSIEUR TWO. Parce que.

MONSIEUR ONE. Même si ça me fait plaisir ?

MONSIEUR TWO. Ça te fait plaisir de m'appeler Bob ?

MONSIEUR ONE. Très.

MONSIEUR TWO. Et pourquoi ça te fait très plaisir de m'appeler Bob ?

MONSIEUR ONE. Ça, le plaisir… ! Est-ce que tu sais pourquoi tu éprouves du plaisir quand tu danses, quand tu manges un bon steak, quand tu fais du bateau ?…

MONSIEUR TWO. Quand je fais du bateau, oui. J'éprouve du plaisir parce que je suis en vacances.

MONSIEUR ONE. Moi c'est pareil pour Bob.

MONSIEUR TWO. Tu es en vacances quand tu m'appelles Bob ?!

MONSIEUR ONE. En quelque sorte, oui… C'est un petit moment très reposant dans la phrase, "Bob"… comme si je m'asseyais sur la plage, tu vois ?

MONSIEUR TWO. Pas bien, non.

MONSIEUR ONE. Comment te dire… J'aligne les mots les uns derrière les autres, un peu comme les jours de la semaine et quand "Bob" arrive, c'est comme "le week-end", c'est frais, ça détend…

Un temps.

MONSIEUR TWO. Tu n'as pas un ami qui s'appelle Bob ?

MONSIEUR ONE. Si bien sûr, j'en ai même plusieurs, mais tu comprendras, j'espère, que je n'éprouve aucun plaisir à appeler Bob quelqu'un qui s'appelle déjà Bob.

MONSIEUR TWO. Et ta femme ?

MONSIEUR ONE. Quoi ma femme ?

MONSIEUR TWO. Pourquoi tu ne l'appelles pas Bob ?

MONSIEUR ONE. Jennifer ?

MONSIEUR TWO. Oui. Quand on se marie c'est pour le meilleur et pour le pire, c'est dans le contrat… Si ça fait vraiment très plaisir à son mari de vous appeler "Bob", on se laisse appeler Bob.

MONSIEUR ONE. Je l'appelle déjà Jiji.

MONSIEUR TWO. Jiji ?

MONSIEUR ONE. Ou Jijette.

MONSIEUR TWO. Justement, Bob lui paraîtra léger.

MONSIEUR ONE. Oui mais moi…

MONSIEUR TWO. Quoi toi ?

MONSIEUR ONE. Moi, la seule personne que j'aie envie d'appeler Bob, c'est toi !

MONSIEUR TWO. Bon, ça suffit maintenant ! C'est non !

MONSIEUR ONE. Je crois que tu te fais une fausse idée de "Bob".

MONSIEUR TWO. N'insiste pas s'il te plaît !

MONSIEUR ONE. Ecoute, on ne va pas se fâcher pour…

MONSIEUR TWO. Arrête maintenant, tu veux bien !

MONSIEUR ONE. Qu'est-ce qu'il se passe ?… Je ne t'ai jamais vu dans cet état… Tu vas bien ?

MONSIEUR TWO. Très bien, je te remercie.

MONSIEUR ONE. Refuser à ton meilleur ami qu'il t'appelle Bob ça ne te ressemble pas… Tu m'inquiètes…

Monsieur Two, le visage fermé, ne répond pas. Les deux hommes marchent quelques secondes en silence. Soudain Monsieur Two s'immobilise. Tendu, il se tourne vers Monsieur One.

MONSIEUR TWO. Est-ce que tu es capable de garder un secret, Dan ?

MONSIEUR ONE. Si tu me le demandes…

MONSIEUR TWO (*serre les mâchoires, respire profondément par le nez puis se lance*). Voilà. J'ai eu un arrière, arrière-grand-oncle qui… Ah Dieu de Dieu, j'ai du mal !

MONSIEUR ONE. Si c'est trop difficile…

MONSIEUR TWO. Non. Il faut que j'y arrive, il faut que ça sorte… que je puisse un jour le dire…

(Il respire à fond puis se lance à nouveau.) J'ai eu un arrière, arrière-grand-oncle qui s'appelait Bob et qui a violé le président des Etats-Unis…

MONSIEUR ONE *(sous le choc)*. Merde !…

MONSIEUR TWO. Il l'a attaché sur une commode et puis il a pissé sur un tas de dossiers ultra-confidentiels au milieu du bureau ovale…

MONSIEUR ONE. Non ?!…

MONSIEUR TWO. En pleine guerre de Sécession…

MONSIEUR ONE. Oh mon pauvre vieux !… Je suis désolé…

MONSIEUR TWO. Il était général et il voulait convaincre le président d'accepter son plan : deux divisions nordistes devaient par un mouvement tournant attaquer les sudistes par le sud. Le président s'y est aussitôt opposé, tant qu'il dirigerait ce pays, les nordistes attaqueraient par le nord, c'était une question d'honneur… Alors oncle Bob s'est énervé et… il a sauté sur Lincoln.

MONSIEUR ONE. C'est vrai, c'était Lincoln !!

MONSIEUR TWO. Oui… Tu te rends compte !

MONSIEUR ONE. On peut dire qu'il n'aura pas eu de chance celui-là.

MONSIEUR TWO. Grâce à une cousine qui connaissait bien le médecin du président, on a réussi à étouffer l'affaire.

MONSIEUR ONE. Ouf !

MONSIEUR TWO. Ils ont fait passer ça pour un accident de chasse. Oncle Bob a été muté dans une compagnie de trappeurs en Alaska. Mais pour ma famille, très proche de la Constitution, la honte était insupportable. Oncle Andrew décréta le nom de MacPherson souillé à jamais. Nous devions changer de patronyme sur-le-champ. Il proposa que nous nous appelions désormais Rabbit, prétextant que le lapin était un animal qui avait toujours paru sympathique à l'humanité et que c'était surtout la sympathie dont notre famille avait besoin en ce moment. Mais oncle Edgar s'y opposa formellement, précisant qu'il n'avait rien contre les lapins, mais que c'était faire peu de cas de nos deux ancêtres John et Alan MacPherson, tombés héroïquement à la bataille de Yorktown pour l'indépendance du pays. La gloire qu'ils avaient donnée au nom "MacPherson" au côté de Washington était bien supérieure à la honte que lui a infligée oncle Bob au côté de Lincoln. La famille se rallia à cet avis. Elle conserva MacPherson mais décida de bannir à jamais Bob, jurant sur la Bible qu'aucun de ses descendants ne porterait ce prénom synonyme d'infamie… Voilà… Tu sais tout.

MONSIEUR ONE *(grave)*. Je vois.

MONSIEUR TWO. Sinon, crois bien que je n'ai rien contre "Bob".

MONSIEUR ONE. Il n'est pas temps que tu coupes le cordon ?… Tu ne vas pas traîner ça derrière toi toute ta vie ! Cette culpabilité idiote… Ce n'est pas toi après tout qui as violé Lincoln.

MONSIEUR TWO. Je sais bien.

MONSIEUR ONE. Brise la chaîne familiale, libère-toi, c'est le moment ou jamais, vas-y, laisse-moi t'appeler Bob !

MONSIEUR TWO. Non ! S'il te plaît, ne le fais pas !…

MONSIEUR ONE. Mais enfin, c'est fini tout ça, c'est de l'histoire ancienne !

MONSIEUR TWO. Pas tout à fait.

MONSIEUR ONE. C'est-à-dire ?

MONSIEUR TWO *(racle sa gorge, son visage s'empourpre)*. Quand je vois le président des Etats-Unis à la télé, je… je suis ému…

MONSIEUR ONE. Tu as envie de le culbuter ?

MONSIEUR TWO. Un peu… Je veux dire… Quelque chose comme ça… Ça m'envahit… J'ai envie de saccager son bureau… d'égorger sa secrétaire… de déféquer sur son ordinateur personnel… C'est génétique… j'ai les gènes d'oncle Bob… ses putains de gènes et quand en plus quelqu'un m'appelle Bob… la pulsion redouble d'intensité… Tout à l'heure j'ai failli me ruer vers la Maison-Blanche… Je suis désolé, Dan… vraiment désolé… J'ai beaucoup d'amitié pour toi et te refuser un plaisir me coûte beaucoup, crois-le bien… mais il y va de la sécurité des Etats-Unis.

MONSIEUR ONE. Je comprends.

MONSIEUR TWO. Je ne suis pas sûr que le président en sortirait sauf…

MONSIEUR ONE. Tu as vu un psy ?

MONSIEUR TWO. Plusieurs. Ils m'ont dit que d'avoir envie de tuer le président des Etats-Unis, après l'avoir entendu à la télévision, était tout à fait normal, c'était même très sain…

MONSIEUR ONE. Mais tu ne veux pas le tuer, tu veux le violer.

MONSIEUR TWO. Ils me disent que c'est parce que je suis trop gentil, la seule chose qu'il mérite c'est qu'on le bousille…

MONSIEUR ONE. Ils sont durs, les psys.

MONSIEUR TWO. Ils payent trop d'impôts.

MONSIEUR ONE. Et ton allergie au diminutif "Bob" ?

MONSIEUR TWO. Ils s'en foutent, la seule chose qui les intéresse c'est que j'aille crever le président. Il faut les comprendre. Leurs honoraires sont taxés à plus de soixante-dix pour cent, ça les rend nerveux, et forcément ça finit par influencer leur diagnostic… J'avais l'impression qu'ils me poussaient à aller lui faire la peau… C'est pour ça que j'ai arrêté.

MONSIEUR ONE. Et tu t'en sors tout seul ?

MONSIEUR TWO. Je ne regarde plus la télé et j'évite qu'on m'appelle "Bob". Ça semble énorme à première vue, mais on s'y habitue très bien. J'ai l'impression de vivre comme n'importe qui.

MONSIEUR ONE. Sûrement. Moi-même, ton meilleur ami, je n'avais rien remarqué.

MONSIEUR TWO. Tu ne m'en veux pas ?

MONSIEUR ONE. Non.

MONSIEUR TWO. Si ça te dit, tu peux m'appeler Ted.

MONSIEUR ONE. Ted ? Non, non merci, ça ne me dit rien Ted.

MONSIEUR TWO. Et Tom ?… Ou Bill ?… Dans Bill, il y a l'un des deux *b* de Bob…

MONSIEUR ONE. Non, ce n'est pas la même chose…

MONSIEUR TWO. Franky ? Jake ? Kit ? Sam ?

MONSIEUR ONE. Laisse tomber… Mon plaisir c'était "Bob", t'appeler Bob, comme ça, l'air de rien, en marchant… Mais je suis un grand garçon… je ne vais pas mettre en danger la vie du chef de l'exécutif de la plus grande démocratie du monde, juste parce que j'ai envie de t'appeler Bob…

MONSIEUR TWO. Je suis fier d'être ton ami, Dan.

MONSIEUR ONE. Merci.

Les deux hommes se remettent en marche.

MONSIEUR TWO. Ça va ?

MONSIEUR ONE. Ça va.

MONSIEUR TWO. A quoi tu penses ?

MONSIEUR ONE. A Kennedy… T'as pas de la famille, à Dallas ?

MONSIEUR TWO. J'ai mon vieil oncle Henry… *(Horrifié.)* Nom de Dieu ! tu crois que…

MONSIEUR ONE. Faudra quand même vérifier…

Ils s'éloignent.

Paris, septembre 2000.

SOUVENIR

pour Bébé et Jean Cortot

PERSONNAGES

Lili
Luc
Karl
Richard
Anne

Musée. Un après-midi clair.
Anne, Lili, Karl et Luc déambulent d'un tableau à
l'autre.

ANNE. J'adore toute cette période qui va de Vinci
à Warhol.

LILI. Moi j'aime que les impressionnistes aient
été des incompris.

ANNE. Moi aussi, beaucoup.

LUC. Moi je préfère la carte postale.

ANNE. A l'original ?

LUC. De loin !

LILI. Tu savais que si tu plisses les yeux devant
un Goya ça fait comme un Renoir.

LUC. Oui ça je savais.

Richard entre.

RICHARD. Moi je suis pour qu'on leur rende tout
aux Egyptiens !

ANNE. Même la *Vénus de Milo*.

RICHARD. Tout je te dis !

LILI. Moi par contre, je suis pour que les enfants regardent les sexes au musée plutôt qu'à la télévision.

ANNE. Surtout les sexes classiques…

Entre Karl.

KARL. Je sais pas si c'est Rembrandt, je sais pas si c'est Van Gogh mais j'ai plus mal au pied, mais alors plus du tout.

ANNE. En tout cas c'est pas moi qui aurait mon portrait à côté d'un Picasso.

KARL. On sent beaucoup plus l'influence de l'Inde ici qu'au sous-sol.

Lili, perplexe, s'attarde devant une petite toile.

LILI. C'est une carpe ?

LUC. Oui c'est une carpe, avec des oignons et un paysage de moulins. C'est flamand.

KARL. Début XVIIe.

ANNE. On ne peint plus de carpe aujourd'hui, j'ai l'impression.

KARL. Pour ainsi dire plus, c'est vrai.

RICHARD. En Flandre ou partout ?

LUC. Partout. C'est un phénomène international.

LILI. Dommage.

KARL. D'une façon générale, le poisson ne convient plus à l'art.

LUC. Ni à la littérature d'ailleurs.

ANNE. Tiens !

LUC. De nos jours il est très difficile de trouver un roman avec une carpe... Enfin je veux dire un vrai roman.

RICHARD. Même un roman d'aventures ?

KARL. Terminé tout ça, mon pauvre vieux.

LUC. Et les philosophes idem.

KARL. Surtout les nouveaux. Pas un mot sur tout ce qui est peu ou prou vertébré aquatique. Rien. L'écaille, la nageoire, la branchie, totalement occultés.

ANNE. Ça ne m'étonne qu'à moitié.

RICHARD. Quand même, c'est énorme...

LUC. Comme si ça n'avait jamais existé !

LILI. Il faut dire, c'est surtout l'esprit qui les intéresse les philosophes, non ?

KARL. C'est ça, les idées, la pensée, la spiritualité, etc., etc.

ANNE. La fuite en avant, quoi !

LUC. C'est un petit peu le problème.

ANNE. De toute façon, moi je trouve que les gens ont trop d'esprit aujourd'hui ! La tête ! la tête ! Il n'y a plus que l'intelligence qui compte maintenant, la cervelle à fond jour et nuit, et ça pense, et ça pense, ça file droit devant mais pour aller où ?

KARL. C'est un petit peu le problème.

ANNE. Résultat, on ne peint plus de carpe.

LILI. Juste, très juste.

RICHARD. La vérité c'est qu'on s'éloigne chaque jour un peu plus des animaux.

KARL. C'est-à-dire de nous-mêmes.

LILI. Parce qu'on n'est rien d'autre que des animaux, en fait.

ANNE. Rien d'autre ?

KARL. Ah non, rien d'autre ! Ça je peux te l'assurer, Anne.

ANNE. Ça fait drôle quand même.

LUC. On est des mammifères, Anne, des mammifères point-trait !

ANNE. C'est vrai qu'on vient du poisson !

KARL *(s'énervant soudain)*. Oui, oui, oui, trois fois oui ! Qu'on le veuille ou non, le premier homme était un poisson ! Branchies là, vessie natatoire ici, nageoires locomotrices dorsales, abdominales et caudales, système digestif extrêmement simplifié, et là des barbillons sensibles aux molécules dissoutes dans l'eau avec deux gros yeux sur les tempes. Un point c'est tout ! Quand même mes enfants, quand même, il y a un moment il faut arrêter de faire l'autruche !

RICHARD. Il a raison.

KARL. Parce qu'à force de refuser d'en parler, de nier d'où on vient, d'en avoir honte, de faire les malins qui vont sur la Lune, ça va finir mal ! Moi je vous le dis, on ne peut pas éternellement faire croire qu'on est sorti de la cuisse de Jupiter !

LILI. Je suis bien d'accord.

Un temps.

ANNE. Tu veux dire qu'on s'est trop éloigné du poisson ?

KARL. Franchement… *(ils se regardent tous les cinq)* on n'a pas un peu charrié ?

RICHARD. On a fait du chemin, c'est vrai.

LILI. Disons qu'on s'est éparpillé.

ANNE. Physiquement surtout.

LUC *(se tapant le crâne)*. Là aussi tu sais ça a bougé, beaucoup.

ANNE. Moi c'est physiquement surtout que ça me frappe *(elle jette un œil sur le tableau)*, par rapport à la carpe c'est impressionnant !

KARL. On s'est quand même un peu perdu, non ?

LUC *(accablé)*. On a muté, Karl, c'est pas la peine de se mentir, on a tout bonnement muté.

LILI. Les grands mots tout de suite !

RICHARD. Avant-hier, j'ai rêvé que j'étais un dindon, toute la nuit… un dindon qui marchait dans l'herbe sur une montagne… Eh bien, je me sentais mieux.

ANNE. Mieux ?

RICHARD. Mieux qu'au bureau… Pourtant je savais qu'en tant que dindon je n'aurais pas mon treizième mois, ni un nouvel ordinateur portable, mais je m'en foutais… Et pourquoi ? Parce que tout d'un coup, j'ai vu la mer.

LILI. Tu n'étais pas à la montagne ?

RICHARD. Si, mais je voyais la mer.

KARL. Tu devais être dans les Alpes-Maritimes.

RICHARD. Peut-être…

ANNE. Il y a des dindons, dans les Alpes-Maritimes ?

LILI. Plein.

RICHARD. Et à partir de ce moment-là, moi le dindon, je n'ai plus eu qu'une seule envie, courir vers la mer, aller dans la mer, retrouver la mer…

KARL. Transparent ! Retrouver la mer, c'est-à-dire retrouver TA mère.

LUC. Notre mère.

LILI. Notre mère à tous.

ANNE. La Méditerranée ?

KARL. Non, avec un *e* la mer.

ANNE. Comment ça, avec un *e*, il n'y en a pas deux ?

LUC. Pas la Méditerranée avec un *e*, Anne, la mer avec un *e*, notre mère à tous avec un *e*.

ANNE *(dépassée)*. Attends, on le met où ce *e* ?

KARL. A la mer, enfin au bout de la mer…

ANNE. ?!?

LUC. Au bout du mot mer, si tu préfères.

ANNE. Auboudumomer ?!?

LILI. Anne, ce que voulait dire Karl, c'est qu'en ayant envie de retrouver la mer, Richard voulait en réalité retrouver sa maman.

ANNE. Et pourquoi il ne l'a pas dit tout de suite ?… Vous voyez, ça c'est l'intelligence, ça passe à droite, ça passe à gauche, ça dissèque, ça compare, et finalement ça nuit énormément à la compréhension l'intelligence !

KARL. En tout cas, Richard, ton rêve a le mérite de poser la vraie question : Pourquoi avons-nous quitté la mer, pourquoi sommes-nous sortis de l'eau ? Pourquoi ?

ANNE. Moi à mon avis, c'est encore l'intelligence qui nous a fait faire cette connerie.

LUC *(perdu)*. Tu veux dire… ?

ANNE. C'est l'arrivée de l'esprit qui nous a fait flotter.

LILI. Comme de l'air ?

ANNE. Exactement, le souffle de l'esprit. Ça nous a fait gonfler la tête, ça a fait bouée si tu veux, et hop ! on est remonté à la surface.

RICHARD. C'est pas entièrement con.

ANNE. Une fois à la surface, bien sûr, on a nagé jusqu'à la plage et comme l'intelligence ça ne sait pas s'arrêter, à peine sur le sable c'était parti, on est devenu Aristote, Confucius, Voltaire et toute la bande… Résultat voilà où on en est : dans un musée, un samedi après-midi, à se prendre la tête au lieu d'aller rigoler à la piscine !

Un temps. Gêne.

KARL. Je suis confus, confus, je n'aurais peut-être pas dû vous parler de tout ça…

LILI. C'est fait, c'est fait, Karl.

RICHARD. Tu nous as mis face à nous-mêmes, il n'y a rien à regretter.

LUC. On n'est peut-être plus des poissons mais on est des adultes, tu sais.

LILI. Et puis il ne faut pas trop noircir le tableau, il nous en reste des choses du poisson.

KARL. Par exemple ?

LILI. La côte de porc…

TOUS. ?!!?

LILI. Si. Quand mon grand-père allait pêcher l'ablette dans l'Indre, il appâtait à la côte de porc, ça mordait, vous ne pouvez pas vous imaginer ce que ça mordait, il en rapportait deux kilos par jour. On mangeait de l'ablette pendant toutes les vacances. J'entends encore ma grand-mère lui dire : "Tu sais, Georges, c'est pas qu'on n'aime pas tes poissons, mais nous aussi de temps en temps on aimerait bien mordre dans une côte de porc." *(Emportée par son récit, elle rit. Tous la regardent.)* Non, c'était juste pour dire que pour certaines choses on a gardé le même goût.

KARL. Je n'ai pas dit qu'on avait tout perdu, j'ai dit qu'on s'était perdu.

ANNE. Quand même on a beaucoup perdu. Quand je pense au mal que j'ai eu pour apprendre à nager, alors que si on n'avait pas fait les cons, je savais déjà.

LUC. C'est comme mon frère Pascal qui avait tout pour être mécanicien, TOUT ! Les bras longs, les jambes musclées, les mains qui tournaient dans tous les sens, dès l'enfance le goût pour l'huile, la graisse, les pneus éclatés. Pendant que ma sœur et moi nous faisions du poney, lui il soudait et dessoudait des pare-chocs, à trois ans il a même demandé au père Noël une casquette Total. Quand un enfant haut comme ça, un bébé, demande à Noël une casquette Total, ses parents sont rassurés, ils se disent il a un don, il est fait pour ça, pas besoin de s'en faire pour lui, sa vie est tracée ! Eh bien, en CM2, Pascal a eu un petit camarade qui jouait du violoncelle, pourquoi, personne ne le saura jamais, il a voulu faire pareil ! Total justement, aujourd'hui, à quarante-deux ans, mon frère fait partie d'un vague orchestre de corrida en Espagne où il joue du tambour !

RICHARD. Pas du violoncelle ?

LUC. Non, il n'est jamais arrivé à pincer les cordes avec sa main gauche, lui qui démontait un carburateur les yeux fermés en vingt secondes…

ANNE. Ça fout la trouille…

Un temps.

KARL. Confus ! Confus ! Mille pardons ! C'est de ma faute.

LILI. Karl, je t'en prie !

KARL. J'ai simplement voulu nous raidir, nous faire retrouver l'épine dorsale, la structure calleuse, nos arêtes, nos origines, quoi ! Et puis c'est le contraire qui est arrivé, nous voilà tristes, ramollis.

LILI. Mais pas du tout.

ANNE. Un peu flapis quand même.

RICHARD. Et puis mon rêve de dindon n'a pas dû arranger les choses…

KARL. C'est à cause de moi que tu l'as raconté, Richard, à cause de moi !… Navré de vous avoir filé le blues…

LUC. Sentiment très exactement à l'opposé de la nature de nos ancêtres.

ANNE. La carpe n'a jamais le cafard ?

LUC. Oh là, jamais !

ANNE. Elle a pas souvent l'air gai, chez le poissonnier en tout cas.

LUC. C'est une impression, Anne. Aucun poisson n'est dépressif, aucun. Des bobards tout ça. La truite morose, le requin chagrin, la morue triste, c'est pour faire peur aux enfants, ça n'existe pas.

KARL. Le thon est réputé pour sa gaieté, la lotte est rieuse, la murène mutine, le rouget est toujours de bonne humeur, le hareng est un vrai clown.

RICHARD. Et le poisson rouge a beaucoup d'humour, c'est vrai.

LILI. Et la sole, regarde comme elle est heureuse la sole !

LUC. C'est probablement celle qui est la plus heureuse de tous.

LILI. Oui et tu sais pourquoi ?

ANNE. J'ai oublié.

LUC. Parce qu'elle est plate, c'est une surface, juste une surface.

LILI. Elle est si mince qu'elle n'a pas la place de penser.

ANNE. C'est ce que je disais, elle n'a pas été gonflée par l'esprit, c'est sa chance.

LILI. Faut dire quand même qu'elle nage très profond.

KARL. Oui mais elle reste superficielle, elle ne descend jamais en elle-même, la sole.

ANNE. Remarque, moi ça non plus je ne le fais jamais.

RICHARD. Mais ça se voit, Anne, ça se voit, et sans vouloir te flatter je pense que de nous cinq c'est toi qui es restée la plus proche… comment dire, qui a le moins dérivé…

LILI. C'est vrai, tu es la plus gaie… la moins évoluée…

LUC. La plus en arrière…

KARL. De loin…

LILI. Veinarde !

Un temps. Anne les regarde.

ANNE. Je ne sais pas comment je dois prendre ça…

KARL. Mais bien, ma chérie, très bien…

ANNE. Vous n'êtes pas en train d'essayer de me dire que je suis conne comme une daurade ?

LUC. Anne ! Anne ! Anne ! Je t'en supplie !

ANNE. Non parce que si tout votre truc c'était pour en arriver là, déjà que moi je suis allée au musée uniquement pour vous faire plaisir, ce serait le pompon !

LILI. Regardez-la ! Regardez-la cette bestiole comme elle grogne, comme elle se cabre, comme elle griffe !

LUC. Tu as une animalité exceptionnelle pour notre époque, Anne, exceptionnelle, je t'envie beaucoup !

RICHARD. Tu n'es qu'un réflexe, un sursaut, c'est magnifique !

KARL. Ce n'est pas toi qui vas te noyer dans la réflexion, sombrer dans la subtilité, le raisonnement…

LILI. Veinarde !

Un temps. Anne se ressaisit.

ANNE. C'est vrai, vous avez raison, je me porte plutôt bien, je n'ai pas à me plaindre… Mais enfin si j'ai la chance de ne pas être trop penseuse, je suis quand même sensible…

LILI. C'est moins grave.

ANNE. Peut-être, mais je la ressens très fort notre glissade de la mer vers l'air… Et je vois bien qu'on arrive à l'impasse.

KARL. Je ne peux pas te dire le contraire.

ANNE. Je vois bien qu'en sortant de l'eau, on l'a perdu notre paradis terrestre.

LUC. Disons aquatique, le paradis aquatique.

ANNE. Attends ! c'est une image. Tu continues à croire que je suis conne ou quoi ? Tu t'imagines que je ne sais pas que pour la sole le paradis terrestre avec le pommier, l'herbe en dessous et les chemins en gravier, c'est l'enfer ?!

LUC. Autant pour moi.

ANNE. Non, c'est moi qui m'énerve. Pardon mais c'est parce que tout ça me tracasse et que j'ai peur qu'à force de muter, un beau jour on finisse tous comme ton frère à jouer de la trompette en Espagne.

LUC. Du tambour.

ANNE *(sursautant)*. Tiens tu la vois la glissade ! la dérive ! On me dit tambour et deux minutes après j'en suis déjà à trompette… Et après on s'étonne qu'on n'ait plus d'écailles… Ça fait peur quand même…

KARL. Je ne peux pas te dire le contraire…

Un temps. Tous se taisent, l'inquiétude gagne. Karl se balance d'avant en arrière en regardant ses chaussures, Luc se masse le crâne, Lili tourne en rond en

se mordillant les lèvres, Richard est pâle, Anne im-
mobile est prostrée. Lili à bout s'adresse à Karl.

LILI. Bon qu'est-ce qu'on fait ? Karl, qu'est-ce
qu'on fait ! Même Anne est mal !

LUC. On ne peut pas continuer à avancer comme
ça, à croire que ça va s'arranger dans l'air du
temps…

LILI. Il faut penser à nos enfants, on ne peut pas
leur mentir… On s'est trompé, on s'est trompé.
Stop ! Stop ! n'allons pas plus loin !

RICHARD. Calme Lili, calme…

KARL. Elle n'a pas tort.

ANNE. Moi je vous le dis, si on ne fait rien on va
le payer cher !

LUC. On l'a déjà payé très cher, la dysenterie, la
lèpre, la calvitie…

RICHARD. Les impôts…

LILI. La Bible, le Vatican…

ANNE. Le mois d'août sur la Côte d'Azur…

KARL. Et toutes ces guerres… Il n'y aurait jamais
eu six millions de morts en 14-18 si on était resté
poisson.

LILI. A condition qu'il y ait eu de l'eau dans les
tranchées quand même, Karl, quand même.

LUC. Il n'a pas arrêté de pleuvoir, vous vous souvenez, les photos ?

ANNE. C'est vrai ça avait l'air très boueux.

KARL. On s'en serait sorti c'est sûr ! Ceux de la Somme nageaient jusqu'à la mer, ceux de la Marne filaient jusqu'à la Seine, la Seine l'Yonne, l'Yonne la Loire, le canal de la Garonne et on finissait tous dans le lac de Gavarni au milieu des Pyrénées, et là, tranquilles, pas un Prussien, on était sauvé.

RICHARD. Mais qu'est-ce qui nous a pris ! Bon Dieu, qu'est-ce qui nous a pris !

Un temps. L'angoisse les gagne à nouveau.

ANNE. Et si on faisait demi-tour.

LILI. Qu'on retourne en arrière ?

ANNE. Oui.

LUC. Vers la carpe ?

ANNE. Oui.

KARL. Elle est loin, Anne, très loin, même pour toi.

ANNE. Non, mais doucement… tout doucement, comme ça tu vois… en ondulant un peu… sans forcer… en essayant de se rappeler… Regarde, tu vois comme ça revient… *(imperceptiblement, tous les cinq se mettent à onduler)* … tu sens comme on devient superficiel… tu sens ?

KARL. Pas beaucoup.

ANNE. Mais un peu…

RICHARD. Un peu c'est vrai.

ANNE. Doucement… Ne frétillez pas… Laissez le ventre mou…

LUC. C'est drôle, j'ai des souvenirs d'algues…

LILI. Tout est plus facile, on dirait.

ANNE. On va se diriger lentement vers le grand bassin là-bas, dehors, sur la place…

LILI. Merci Anne, merci !

ANNE. Laissez-vous porter par le courant…

LUC. On abandonne tout ?

LILI. Non, tu peux emporter une côte de porc.

KARL. Ça y est ça vient, je me sens rieur.

RICHARD. Moi aussi tout me paraît drôle.

LILI. On est mieux, Nom de Dieu ça s'arrange !

ANNE. On n'est pas les plus heureux ?

LUC. J'ai l'impression que si !

ANNE. Vous allez voir, je suis sûre qu'ils vont se remettre à nous peindre…

Ils se laissent emporter par une vague et disparaissent du musée.

Paris, mars 2001.

SANS M'EN APERCEVOIR

Théâtre en morceaux

ÉPISTOLE

pour Jean-Claude Grumberg

PERSONNAGES

Vivien
Paul

VIVIEN. Mon cher Paul, je vous écris de....

PAUL. Vous pouvez parler plus distinctement.

VIVIEN. Pardon ?

PAUL. Vous n'articulez pas.

VIVIEN. Je n'ai aucune raison d'articuler, j'écris.

PAUL. Oui mais vous écrivez tout haut.

VIVIEN. Et alors ?

PAUL. Et alors je vous entends.

VIVIEN. Eloignez-vous.

PAUL. Pourquoi puisque c'est à moi que vous écrivez ?

VIVIEN. Si je vous écris Paul c'est pour que vous me lisiez pas pour que vous m'entendiez.

Un temps.

PAUL. Vivien, je peux savoir pourquoi vous m'écrivez au mois de mars ?

VIVIEN. Je vous l'explique dans ma lettre.

PAUL. Vous ne l'avez pas encore écrite.

VIVIEN. Non mais je sais ce qu'elle contient.

PAUL. Si vous le savez pourquoi vous ne me le dites pas ?

VIVIEN. Parce que ce n'est pas la même chose.

PAUL. Quoi ?

VIVIEN. Dire et écrire.

PAUL. Ah bon !

VIVIEN. Rien à voir.

PAUL. Quand vous écrivez vous n'employez pas les mêmes mots, les mêmes verbes, les mêmes accents que ceux que vous utilisez pour parler comme en ce moment... ?

VIVIEN. Si mais ils n'ont pas... comment dire... le même poids, la même densité et peut-être pas la même signification.

Un temps.

PAUL. Vous m'écrivez en anglais ?

VIVIEN. Non, mais je vous écris avec la main alors que je vous parle avec la langue.

PAUL. Oui ça je vous remercie.

VIVIEN. Et comme vous avez dû le remarquer la langue est un morceau de chair très court, très innervé

146

et donc très vif, qui remue dans tous les sens ce qui a pour conséquence qu'elle ne dit pas toujours précisément ce qu'on souhaiterait qu'elle dise. De plus le fait qu'elle soit placée dans la boîte crânienne, c'est-à-dire très proche du cerveau, ne donne pas le temps à la pensée de se refroidir.

PAUL. Je vois. Je dois donc m'attendre de votre part à des propos glacés.

VIVIEN. Maîtrisés disons.

PAUL. Maîtrisés !

VIVIEN. Oui, par la main qui va recevoir l'idée apaisée et fortifiée par le long cheminement qu'elle vient d'effectuer de la tête au poignet ne demandant qu'à s'exprimer avec clarté dans les pleins et déliés de ma plume.

PAUL. Permettez-moi de douter.

VIVIEN. Douter ? Douter de quoi ?

PAUL. Que tout ce que vous venez de dire ait du sens. Pardonnez-moi mais comme vous vous êtes expliqué avec votre petit morceau de chair si peu fiable, je doute, oui, que votre discours soit maîtrisé.

VIVIEN. Ne vous inquiétez pas, il l'est.

PAUL. Tiens donc et pourquoi ?

VIVIEN. Parce que je l'avais écrit avant. Vous pensez bien je ne me serais pas risqué...

Un temps.

PAUL. Et ça ?

VIVIEN. Quoi ?

PAUL. Cette carte postale que vous m'avez envoyée de votre lieu de vacances l'été dernier.

VIVIEN. Eh bien ?

PAUL. Lisez-la.

VIVIEN *(lisant)*. "Mon cher Paul. Ici il fait beau. Je me baigne. J'espère que vous allez bien. Amitiés. Vivien."

PAUL. Vous n'avez pas l'impression que votre pensée se soit un tantinet gourée d'itinéraire ?

VIVIEN. C'est-à-dire ?

PAUL. Qu'elle ait raté le bras et se soit dirigée vers la jambe et que vous ayez fini par écrire avec vos pieds !

VIVIEN. Paul, je vous en prie !

PAUL. Enfin Vivien, ne me dites pas que ces trois lignes insipides sont le fruit d'une réflexion ferme et que vous n'auriez pas pu faire mieux en parlant tout simplement !

VIVIEN. Je ne crois pas.

PAUL. Ne vous fichez pas de moi.

VIVIEN. Je vous assure, je me souviens quand je vous ai écrit ce mot, j'étais sur la plage écrasé de chaleur, incapable de prononcer la moindre parole.

PAUL. Vous n'auriez pas été capable de dire "Bonjour Paul, la mer est belle, je nage... !!"

VIVIEN. Je ne pense pas. Et puis si je vous l'avais dit c'est que vous auriez été là et vous auriez donc constaté par vous-même qu'il faisait beau et que je me baignais... alors à quoi bon le dire.

Un temps.

PAUL. Exact.

VIVIEN. Cela dit je suis touché que vous conserviez les cartes postales que je vous envoie.

PAUL. C'est pour l'image. J'aime les dunes.

VIVIEN. Je l'ignorais.

PAUL. Celle du lézard ou celle du vieux avec la cornemuse je ne les ai pas gardées.

VIVIEN. C'est bon à savoir pour la prochaine fois.

PAUL. Je suppose que vous ne passez pas toutes vos vacances près des dunes ?

VIVIEN. Non bien sûr, mais où qu'on soit si on cherche bien on en trouve toujours une ou pour le moins un monticule sableux, surtout quand on sait que ça fait plaisir... "Mon cher Paul, je vous écris de..." Pardonnez-moi je continue parce que le dernier courrier est à dix-neuf heures et j'aimerais autant vous la poster aujourd'hui.

PAUL. Vous n'allez pas me la donner ?

VIVIEN. Non.

PAUL. Quand vous l'aurez terminée vous n'allez pas me la donner ?

VIVIEN. Non.

PAUL. Vous n'oubliez pas, j'espère, que je suis assis en face de vous Vivien ?

VIVIEN. Comment pourrais-je l'oublier Paul ! Vous êtes assis en face de moi depuis quinze ans et trois mois, huit heures par jour, dans le même bureau, avec pour seule interruption quotidienne une halte d'une heure à la cafétéria où la plupart du temps vous parvenez à placer votre plateau en face du mien.

PAUL. Oui, mais je ne choisis jamais comme vous ni chou-fleur, ni cabillaud, ni fromage à pâte molle.

VIVIEN. C'est vrai et au mois d'août vous ne partez pas non plus en congés avec moi, mais le reste de l'année nous pissons très souvent ensemble.

PAUL. Jamais face à face.

VIVIEN. Exact, de profil. Vous avez toujours la délicate attention de choisir un urinoir parallèle au mien.

PAUL. Tout cela pour le plus grand bonheur du personnel et surtout de la direction. Vous le savez bien Vivien.

VIVIEN. Que vous me suiviez chaque fois que je vais aux toilettes les rend heureux ?

PAUL. Non, que les deux experts-comptables de l'entreprise s'entendent si bien les rassure. Les bons amis faisant les bons comptes. Et c'est au nom de notre relation harmonieuse que je vous demande de...

VIVIEN. Non ! Je ne vous donnerai pas ma lettre ! Une lettre qui n'est pas portée par un facteur à l'aube, dont l'enveloppe n'est pas déchirée avec une légère palpitation cardiaque n'est pas une lettre, c'est un pli, un fax ou bien pire un e-mail ! une suite de mots sans âme destinés à la seule communication.

PAUL. Vous savez ce que je pense Vivien ?

VIVIEN. Non.

PAUL. Je pense que vous vous apprêtez à m'écrire une lettre d'amour.

VIVIEN. Moi ?

PAUL. Oui vous. Je ne vois pas d'autre explication à vos cachotteries. Vous n'osez pas me dire que vous m'aimez alors vous me l'écrivez.

VIVIEN. Paul vous ne...

PAUL. Pour ma part je n'y vois aucun inconvénient, il y a longtemps que je l'avais remarqué.

VIVIEN. Que je vous aimais ?

PAUL. Oui.

VIVIEN. D'amour ?

PAUL. Bien sûr. Je me suis toujours dit un jour ou l'autre ça va sortir. On y est.

VIVIEN. Mais... quand vous en êtes-vous.... ?

PAUL. Oh de nombreuses fois, mais je dois dire là où ça a été le plus flagrant c'est lors du dernier bilan.

VIVIEN. Ah bon ?

PAUL. Oui, quand vous avez pris ma main, que vous l'avez posée sur la souris de mon ordinateur et que nous avons cliqué ensemble...

VIVIEN. J'ai fait ça ?

PAUL. Oui, et très tendrement Vivien, très très tendrement.

VIVIEN. Ah...

PAUL. Vous voulez que je vous embrasse ?

VIVIEN. Sur la joue ?

PAUL. Non sur la bouche.

VIVIEN. C'est-à-dire...

PAUL. C'est-à-dire quoi ?

VIVIEN. C'est-à-dire… ça vous ferait plaisir ?

PAUL. Ça n'est pas impossible…

VIVIEN. Mais pas avec la langue Paul.

PAUL. Je ne vais quand même pas vous embrasser avec la main !

VIVIEN. Pour la première fois je préférerais.

PAUL. Vous voulez que j'écrive c'est ça ?! Que j'écrive : "Je vous embrasse !"

VIVIEN. Oui je préférerais que votre premier désir pour moi soit maîtrisé.

PAUL. Il faut vraiment que je vous aime… donnez-moi un stylo bille.

VIVIEN. Un bleu, ça vous ira ?

PAUL. Parfait, allons-y…

VIVIEN. Paul.

PAUL. Oui ?

VIVIEN. J'aimerais autant que vous ne m'écriviez pas sur le papier à en-tête de la société.

PAUL. Vous êtes bien compliqué.

VIVIEN. Comprenez-moi, si vous m'écrivez sincèrement "Vivien, je vous embrasse…" j'aimerais autant que ce ne soit pas sous "Marco Frères, pièces détachées et matériel agricole"…

PAUL. Bon, alors du papier blanc.

VIVIEN. Merci Paul, merci beaucoup.

PAUL. De rien.
(Ils se mettent tous les deux à écrire. Quand ils ont terminé ils plient leur lettre et la placent dans une enveloppe qu'ils cachettent d'un coup de langue.)
Voilà.

VIVIEN. Vous passez près d'une poste Paul pour attraper votre RER ? Je me trompe ?

PAUL. Non.

VIVIEN. Ça ne vous ennuie pas de poster la mienne.

PAUL. Pas du tout de toute façon je dois y passer pour la mienne.

VIVIEN. Merci… Bien je me sauve.

PAUL. Moi aussi, j'y vais.

VIVIEN. A demain Paul.

PAUL. A demain Vivien.

UN REMUGLE

pour Philippe Khorsand

PERSONNAGES

Jean-Bernard
Antoine

JEAN-BERNARD. Je n'arrive pas à croire qu'on ait encore des choses à dire…

ANTOINE. Qui a des choses à dire ? Personne.

JEAN-BERNARD. Non, non, beaucoup de gens disent des choses, beaucoup.

ANTOINE. Aujourd'hui ?

JEAN-BERNARD. Oui là maintenant.

ANTOINE. Quelles choses ?

JEAN-BERNARD. Je ne sais pas, ils parlent. Le matin j'en vois près de chez moi, rue Froissard par exemple ou parfois dans le bus.

ANTOINE. Dans le bus, des gens qui parlent ?

JEAN-BERNARD. Oui.

ANTOINE. Tu divagues.

JEAN-BERNARD. Je t'assure.

ANTOINE. Et qu'est-ce qu'ils disent ?

JEAN-BERNARD. Ils discutent.

ANTOINE. Ça m'étonnerait énormément.

JEAN-BERNARD. Je t'assure.

ANTOINE. Et de quoi ils discutent ?

JEAN-BERNARD. Justement je me le demande… tu as une idée toi ?

ANTOINE. Oui.

JEAN-BERNARD. Vas-y.

ANTOINE. Tu es obnubilé.

JEAN-BERNARD. Moi ?

ANTOINE. Oui tu es obnubilé Jean-Bernard alors forcément…

JEAN-BERNARD. Forcément quoi ?

ANTOINE. Forcément tu vois parler des gens partout.

JEAN-BERNARD. Je n'ai pas dit partout, j'ai dit rue Froissard et dans le bus.

ANTOINE. Tu réalises ce que tu es en train de me dire, Jean-Bernard, tu réalises ?

JEAN-BERNARD. Oui.

ANTOINE. Tu es en train de dire qu'aujourd'hui à Paris, capitale d'un pays qui vient de traverser peu ou prou deux mille cinq cents ans de civilisation, on continue de parler.

JEAN-BERNARD. Oui.

ANTOINE. Comme du temps de Charlemagne, de l'édit de Nantes, de Voltaire ou de l'Exposition coloniale.

JEAN-BERNARD. Oui.

ANTOINE. Avec des phrases structurées par de la grammaire et des idées placées dedans.

JEAN-BERNARD. Probablement.

ANTOINE. Qu'est-ce que tu cherches Jean-Bernard ? A me faire peur ? A me faire croire que ça va repartir ? Que ça repart ?

JEAN-BERNARD. Parce que tu es un ami Antoine, parce que tu es quelqu'un qui ne s'est jamais caché la tête dans le sable, quelqu'un de responsable, parce que surtout ça m'inquiète, oui j'ai décidé de te dire que j'ai vu des gens parler... Excuse-moi c'est trop lourd, je n'arrive pas à garder ça pour moi tout seul.

ANTOINE. Jean-Bernard la première chose à faire c'est de rester calme.

JEAN-BERNARD. Qu'est-ce que tu aurais fait à ma place ? Soi-disant c'est fini, terminé, on est à l'abri, on nous garantit que les trois derniers individus qui se sont exprimés de façon vocale, c'est-à-dire en proférant des phonèmes conceptualisés à partir de leurs bouches, phonèmes destinés à transmettre une information à autrui *via* son canal auditif, ont été repérés dans le Lot-et-Garonne il y a plus de sept ans à la sortie d'une boulangerie… et encore on n'est même pas certains qu'ils s'exprimaient de façon intelligible… des caquètements plutôt, des piaillements… sauf pour une femme qui aurait clairement dit que les croissants au beurre n'étaient visiblement pas au beurre. C'est tout. On ne les a plus jamais entendus. Plus rien. Plus un seul mot prononcé depuis, en France comme en Europe, le calme enfin, en tout cas dans tout l'hémisphère nord, la paix, plus aucun risque de débats, d'altercations, de conférences, de colloques, de conversations téléphoniques ou de conversation tout court, nos enfants peuvent jouer dans la rue en toute sécurité sans risquer d'être contaminés par les boniments d'un voisin, ou l'enseignement de je ne sais quel professeur, plus de haut-parleur, plus de messe basse, plus de discours, ni fables, ni sermons, on respire, caquetage, papotage et commérage ont disparu, enfin nous avançons la tête vide, notre crâne n'est plus le dépotoir cacophonique des jacasseries du monde, plus besoin de questionner, de répondre, de s'informer et autres vaines gesticulations langagières, adieu l'épuisante mise en mots de l'esprit, toute parlerie, de la harangue jusqu'au murmure, est morte et nous commençons à vivre… et puis vendredi dernier, à deux pas de chez moi, rue Froissard, j'aperçois, juste avant de monter dans le bus, deux personnes de taille moyenne qui marchent côte à côte, échangeant des propos comme si de rien n'était, oui Antoine des propos, bouleversé je saute dans le 96 et là, tiens-toi bien, à un mètre de moi, assise sur la banquette arrière, une femme ni belle ni laide se met à parler à haute voix à un vieillard blond !! Et je devrais me taire ! Je devrais ne rien t'en dire, à toi Antoine, qui a tant fait pour que le monde entier la ferme !

ANTOINE. Oui.

JEAN-BERNARD. Quoi oui ? c'est tout ce que tu dis ? oui !?

ANTOINE. Ne compte pas sur moi pour dramatiser Jean-Bernard. D'autant qu'à mon avis il doit s'agir au pire d'un remugle.

JEAN-BERNARD. Un remugle ?

ANTOINE. Oui, un restant, un fond de casserole si tu préfères, rien de plus.

JEAN-BERNARD. Un fond de casserole ! Trois personnes qui parlent devant moi en une matinée, tu appelles ça un fond de casserole ! Sans compter que je n'étais ni dans toutes les rues…

ANTOINE. … Ni dans tous les bus j'avais bien compris.

JEAN-BERNARD. Et si c'était une épidémie Antoine, le début d'une épidémie très contagieuse ça aussi tu le comprendrais ?

Un temps.

ANTOINE. A quelle distance étais-tu de la femme qui parlait dans le bus déjà ?

JEAN-BERNARD. Un mètre environ.

ANTOINE. Evidemment.

JEAN-BERNARD. Tu penses que j'ai été contaminé ?... réponds… tu penses que je suis malade ?

ANTOINE. Non.

JEAN-BERNARD. Tu es sûr ?

ANTOINE. Ou alors faiblement, une forme bénigne, parce qu'on ne peut pas vraiment dire que ce que tu fais depuis une bonne dizaine de minutes s'appelle parler.

JEAN-BERNARD. Tu dis ça pour me rassurer ?

ANTOINE. Pas du tout. Franchement tu n'as pas dit grand-chose de très fondamental, c'est du petit blabla inoffensif, ça va s'éteindre tout seul.

JEAN-BERNARD. Pourvu que tu dises vrai.

ANTOINE. Ne t'inquiète pas à aucun moment tu n'as été ni fulgurant ni même brillant…

JEAN-BERNARD. Tu me le jures ?

ANTOINE. Juré. Tu peux me faire confiance, c'était comme du vent, même pas, de l'air à peine…

JEAN-BERNARD. Ouf !

ANTOINE. Rien de grave Jean-Bernard, tout va bien.

JEAN-BERNARD. Et toi ?

ANTOINE. Moi ?

JEAN-BERNARD. Tu as parlé aussi.

ANTOINE. Oh tu appelles ça parler…

JEAN-BERNARD. C'est pas moi qui t'aurais… ?

ANTOINE. Mais non, mais non !

JEAN-BERNARD. Parce que je m'en voudrais toute ma vie.

ANTOINE. Sois tranquille je n'arrivais même pas à suivre ce que tu disais tellement c'était creux, ça ne m'a ni touché, ni intéressé, ni quoi que ce soit… ne commence pas à culpabiliser. Je ne me souviens déjà plus si tu as parlé ou pas c'est pour te dire…

JEAN-BERNARD. Merci Antoine.

ANTOINE. Je t'en prie *(un temps)* tu vois ça va déjà mieux, non ?

JEAN-BERNARD. Oui *(un temps)* toi aussi ?

Un temps.

ANTOINE. J'ai l'impression.

Un long temps.

JEAN-BERNARD. Un remugle tu dis ?

ANTOINE. Oui, juste un remugle.

Les deux hommes restent muets un très long temps puis, rassurés, ils sourient.

Noir.

LA SURVIVANTE

pour Garance Blanche

PERSONNAGES

Le policier
La tomate

LE POLICIER. C'est pas trop éprouvant ?

LA TOMATE. Si.

LE POLICIER. Vous voulez prendre l'air ?

LA TOMATE. Non merci, continuons…

LE POLICIER. Nous en étions à Plac… Plac… Crishh…

LA TOMATE. Alors après… SWOOOINNNGUE.

LE POLICIER. Souingue ?

LA TOMATE. Non plus métallique : Swooingue.

LE POLICIER *(écrivant)*. Swooooingue, j'y suis.

LA TOMATE. Troc… Troc… paticlanc, clanc, clanc… gochtonc.

LE POLICIER *(écrivant)*. Gochtonc… oui…

LA TOMATE. Roar… roar… ROAR… ROAR…

LE POLICIER. Ça, c'est le camion qui s'approche…

LA TOMATE. Oui un trente tonnes bleu-gris… toute ma vie je le verrai, énorme, fonçant sur nous…

LE POLICIER. Donc la suite… J'inscris heu…

LA TOMATE. Ce n'est pas difficile à imaginer.

LE POLICIER. Splatch ? Plouitch ?

LA TOMATE. Ce que vous voulez.

LE POLICIER. Disons : SPLOUATCH !… combien étiez-vous dans ce cageot ?

LA TOMATE. Cent vingt, je crois, avec sept concombres sur le dessus.

LE POLICIER. Ça les concombres, pas trouvé… Pour les tomates, on en a ramassé une cinquantaine sur le bord de la route. Toutes très mal en point sauf vous. Le reste, impossible à reconstituer, de la bouillie.

LA TOMATE (*émue*). Si vous pouviez éviter ce genre de mot.

LE POLICIER. Désolé… On peut dire que vous êtes une vraie miraculée. Si vous voulez bien relire.

LA TOMATE. Ah ! j'oubliais, mais peut-être ce n'est pas important.

LE POLICIER. Je vous écoute.

LA TOMATE. Kaïïïïïï…

LE POLICIER. Kaïïïïïï ?

LA TOMATE. C'est la dernière chose que j'ai entendue avant qu'on soit projetées sur la route et écrasées par le camion qui suivait.

LE POLICIER. Ça ressemble à un cri de chien, non ?

LA TOMATE. Vous savez, moi les chiens, je n'ai pas une passion, j'en vois le moins possible. Alors vous dire comment ils crient…

LE POLICIER. Un chien qui a dû traverser devant la camionnette qui vous transportait, obligeant le conducteur à faire une embardée et votre cageot secoué a basculé sur la route.

LA TOMATE. C'est possible…

LE POLICIER. Donc j'inscris Kaïïïï au début.

LA TOMATE. Ce qui donne ?

LE POLICIER. Ce qui donne : Kaïïï, plac plac… Crishh swooingue troc troc paticlanc, clanc, clanc, gochtong roar ROAR ROAR… SPLOUATCH… ROAR roar roar…

LA TOMATE. Oui, c'est ça (elle éclate en sanglots) exactement ça.

LE POLICIER. Je suis désolé.

LA TOMATE. C'est tellement injuste.

LE POLICIER. Comme vous êtes la seule survivante, votre déclaration est capitale pour l'enquête.

LA TOMATE. Je comprends.

LE POLICIER. Si vous voulez bien signer.

LA TOMATE. Signer ?

LE POLICIER. Oui, en bas de la page, là.

LA TOMATE. Vous n'avez pas oublié que je suis une tomate, j'espère.

LE POLICIER. Bien sûr que non.

LA TOMATE. Et que je n'ai ni bras, ni main…

LE POLICIER. Oh ! je suis navré… C'est la première fois que je pose des questions à une tomate, alors…

LA TOMATE. Moi, c'est la première fois que je réponds à un policier et pour autant je ne vous ai pas demandé, je ne sais pas moi, de faire du jus par exemple.

LE POLICIER. Exact.

LA TOMATE. Ni de vous émonder.

LE POLICIER. Vrai… Navré… On est formé trop rapidement dans la police… Je m'en aperçois tous les jours.

LA TOMATE. Quand même ne pas tendre un stylo à une tomate, c'est le b.a.-ba…

LE POLICIER. On n'a même pas eu une heure de cours sur tout ce qui est fruits et légumes, rien, ils ont fait l'impasse… Heureusement je savais que vous parliez, c'est déjà ça.

LA TOMATE. Curieusement, très peu de gens sont au courant.

LE POLICIER. C'est ma mère qui me l'avait dit quand j'étais gosse : "Si tu ne manges pas ta tomate, elle va te gronder !" Ça m'est resté.

LA TOMATE. J'ai toujours pensé que c'était dans sa famille qu'on apprenait plutôt qu'à l'école.

LE POLICIER. La mienne n'a pas dû m'apprendre grand-chose, pour finir dans la police…

LA TOMATE. Si ça peut vous redonner le moral, moi je ne savais même pas que les policiers parlaient…

LE POLICIER. On est pareil d'une certaine façon…

LA TOMATE. J'ai l'impression.

LE POLICIER. Ça vous dirait d'aller prendre un verre ?

LA TOMATE. Et votre rapport ?

LE POLICIER. Je le signerai pour vous… Comment vous vous appelez ?

LA TOMATE. Jacqueline.

LE POLICIER. Je signe Jacqueline la tomate ?

LA TOMATE. Non : Bossard, Jacqueline Bossard. Et vous ? Votre nom ?

LE POLICIER. Laurent Rossignol.

LA TOMATE. J'ai eu un jardinier qui s'appelait Rossignol quand j'étais verte.

LE POLICIER. Vous étiez verte ?

LA TOMATE. Oui, quand j'étais petite…

LE POLICIER. Ah, OK !… Je vous l'avais dit, rien, la police ne sait rien sur les fruits et légumes… d'ailleurs, vous, vous êtes un fruit ou un légume ?

LA TOMATE. Les deux.

LE POLICIER. Vous êtes bi ?

LA TOMATE. Si vous voulez, mais disons que je suis plus attirée par les légumes…

LE POLICIER. Ça tombe bien, moi aussi… On y va ?

LA TOMATE. Vous vous souvenez que je n'ai pas de pieds ?

LE POLICIER. Je vous prends dans ma main ?

LA TOMATE. Si ça vous dit.

LE POLICIER. Ça me dit… ça va, je ne vous serre pas trop ?

LA TOMATE. Non je suis bien.

LE POLICIER. Moi aussi, je suis bien.

LA TOMATE. Vous pensez qu'on va avoir une aventure ?

LE POLICIER. Pour ne rien vous cacher, vous m'avez plu tout de suite.

LA TOMATE. C'est drôle, moi aussi dès que je vous ai vu, j'ai eu… enfin, vous m'avez charmée…

LE POLICIER. J'ai ma voiture en bas, ça vous dirait qu'on parte pour Venise ?

LA TOMATE. Venise ?!

LE POLICIER. Avec le gyrophare, ça va vite vous savez, on double tout le monde…

LA TOMATE. Je vous adore.

LE POLICIER. On enverra une carte postale à ma mère et puis au retour je vous la présenterai, je crois qu'elle sera folle de joie de vous connaître.

LA TOMATE. Et moi, je l'aime déjà.

LE POLICIER. Je prends mon écharpe et nous partons.

Il dégringole les escaliers avec Jacqueline dans sa main.

LA TOMATE. Laurent !

LE POLICIER. Oui, mon amour ?

Un temps.

LA TOMATE. Tu ne me mangeras jamais, n'est-ce pas ?

LE POLICIER. Tu perds la tête, Jacqueline, tu perds la tête ou quoi ?

Il s'installe au volant.

LA TOMATE. C'est curieux la vie par moments, on n'y croit plus, tout vous paraît inodore, sans intérêt ni saveur, et puis vous rencontrez un homme, un vrai avec un revolver, un képi et soudain tout à nouveau a du goût, vous vous sentez belle, faite pour exister pleinement.

LE POLICIER. Si ça ne t'ennuie pas, je te mets dans la boîte à gants, ce n'est pas prudent de conduire avec toi dans une main.

LA TOMATE. Tout ce que tu veux, je le veux mon chéri.

Le gyrophare lance des éclats bleutés, la voiture démarre et s'éloigne vers Venise.

MUSÉE

pour Jean-Marc Stehlé

AVERTISSEMENT

Ces textes, initialement édités dans le volume *Théâtre sans animaux* chez Actes Sud - Papiers, n'ont pas été joués. Ils constituent la première ébauche d'une pièce intitulée : *Musée haut musée bas*, qui sera publiée dans un avenir proche.

J. M. R.

PERSONNAGES

Des visiteurs

Une grande salle de musée. Faisceau de lumières qui éclairent les œuvres qu'on ne voit pas. Des visiteurs déambulent. Les pas résonnent. De temps en temps on saisit ce qu'ils disent.

— On dirait papa.
— Papa ?
— Oui avec son gros œil.
— Pauvre papa !
— Pourquoi pauvre papa ?
— Quand même…
— C'est un Picasso, tu sais combien ça coûte un Picasso ?!

— C'est le premier qui a vraiment compris la perspective… Tu vois ?
— Pas bien.
— Faut regarder de loin.

— Quand tu penses qu'il n'avait même pas de quoi s'acheter des pinceaux !

— C'est fort.

— Quand on pense qu'entre Giotto et Paul Klee, il n'y a même pas mille ans !

— Ça fait drôle, c'est vrai.

— Ça tu vois c'est la pleine période du romantisme en peinture.

— Je n'aime pas.

— Pourquoi ?

— Trop marron.

— Trop marron ?

— Oui, ça me rappelle l'automne.

— L'automne c'est pas marron, Jacqueline.

— Ah bon !? La nature ne devient pas marron, en automne ?

— Je dirai plutôt qu'elle roussit, qu'elle jaunit, qu'elle se couvre d'or.

— C'est la fête, quoi ?

— Oui, on peut éprouver une certaine joie devant toutes ces couleurs flamboyantes.

— Je te rappelle que papa est mort un 18 octobre !

— Mais Jacqueline…

— Vous êtes vraiment des monstres, les amateurs d'art !!

— Avant Poussin, les peintres, c'était pas un métier.

— Ah bon, c'était quoi ?

— Un peu comme les chirurgiens qui étaient coiffeurs, tu vois ?

— Putain !

— Apollon c'était le premier naturiste… Quoi, on n'a plus le droit de rigoler ?

— Sublime, ce portrait, c'est sa femme ?

— Non, sa maîtresse.

— Ça m'aurait étonné aussi.

— Tout ce qui est rouge sur le plan, c'est précolombien, en vert c'est les arts primitifs, en jaune c'est la vallée de l'Indus et en bleu c'est la Chine des Tang.

— Et la cafétéria c'est quelle couleur ?

— J'en peux plus !

— Assieds-toi une seconde.

— Je suis épuisé.

— Il y a une banquette, profites-en.

— Incroyable… et pourtant le dimanche au bois, je tiens des kilomètres.

— Là c'est pas pareil, tu marches avec les yeux.

— Matisse c'est juif, comme nom ?
— Je crois…

— Dis donc, Laurence, elle est toute petite la *Vénus de Milo*… C'était qui Milo, un nain ? Ah je suis déçue, Laurence, déçue… Je vais quand même faire une photo pour Jacques, mais on la fera agrandir… si, on est obligé, elle est trop minus… Ah merde, je suis déçue !

— Il est mort dans la misère totale.
— C'est pour ça que j'aime pas les musées.

— Dans tout ce bordel, j'ai perdu mon mari !

— Je n'aime pas, non vraiment pas… ça ne me plaît pas… ça ne me parle pas… du tout… mais alors du tout… rien… les couleurs, le sujet… surtout le sujet… c'est à des milliers de kilomètres de moi… et pourtant tout ce qui touche aux femmes, en général ça m'émeut… mais là… rien… rien de rien… même le marbre… pour une fois il m'ennuie… et Dieu sait si le marbre me bouleverse d'habitude… C'est drôle, non ?… ça me laisse totalement indifférente… je m'en fous… totalement… J'ai rien à dire, non rien… ça me laisse muette… Totalement.

— C'est toute la Russie écorchée qu'il a mise dans son bœuf.

— Je t'en supplie, Nicolas, ne commence pas à faire ton Freud.

— Je ne m'en lasse pas.

— Je comprends.

— Je peux la regarder trois heures d'affilée je ne m'en lasse pas.

— Je comprends.

— Même dix ans je crois, la regarder dix ans, vingt-quatre heures sur vingt-quatre, je ne m'en lasserais pas.

— Je comprends.

— Elle me happe.

— Je comprends.

— C'est une drogue… une drogue en ivoire.

— Je comprends très bien.

— Et elle mesure quoi ? Dix centimètres ?

— A peine.

— C'est insensé non ?

— D'un autre côté elle a des gros seins par rapport à sa taille…

— Je ne retrouve plus les Kandinsky, c'est dingue ! Les Kandinsky je te dis, je ne les retrouve plus… LES-KAN-DIN-SKY ! Je peux pas gueuler dans un musée, Richard !

— C'est un extincteur, je te dis que c'est un extincteur !

— Tu es fatigant, Jean-Paul.

— Ils ont prêté les Renoir…

— A qui ?

— Aux Américains, je crois.

— Ils auraient dû les vendre.

— Quand il a peint ça il était sourd.

— Comme Beethoven ?

— Tu me l'enlèves de la bouche.

— Trois billets, s'il vous plaît.

— Exposition permanente ou temporaire ?

— Modigliani.

— Exposition temporaire. Un adulte et deux enfants ?

— Vous ne l'avez pas tout le temps ?

— Pardon ?

— Modigliani, vous ne l'avez pas tout le temps ?

— Non, l'exposition se termine le 4 novembre.

— C'est pas risqué pour des enfants ?

— Modigliani ?

— Oui, un peintre temporaire.

— C'est un très grand artiste.

— Peut-être, mais c'est la première fois qu'ils vont au musée, j'aimerais autant leur montrer quelqu'un de stable.

— Modigliani est un peintre très important, madame.

— Oui, mais vous ne le gardez pas et ce n'est pas un très bon exemple pour des enfants un artiste qui est renvoyé du musée dans une semaine, reconnaissez…

— L'exposition est magnifique.

— Je n'en doute pas, mais je préfère qu'ils commencent sur une base solide, un peintre qui reste au musée toute l'année, un emploi fixe qui les tranquillise, vous savez à cinq et sept ans on comprend tout.

— Dans ce cas, visitez l'exposition permanente.

— Vous avez qui en permanent ?

— Oh, beaucoup de monde, Poussin, Watteau, David, Delacroix, Renoir…

— C'est peut-être plus sûr, non ?

— Comme vous voudrez… Ça fera douze euros.

— Je peux vous demander pourquoi vous virez Modigliani ? C'est une question de place ?

— Madame, je vais vous demander…

— Vous ne pensez pas que vous pourriez plutôt dégraisser chez les vieux, Watteau, franchement, il a fait son temps, non ?

— Madame…

— Et Renoir ? Ça suffit pas les calendriers et les boîtes de chocolats ? C'est vous qui l'avez *Le Moulin de la Galette* ?

— Non.

— Tant mieux, on n'en peut plus du *Moulin de la Galette*… Alors que Modigliani, c'est un jeune… Non ? C'est un jeune ou c'est pas un jeune ?

— Je vais vous demander de payer, beaucoup de gens attendent.

— Vous êtes en train de me faire remarquer que je suis temporaire à la caisse, c'est ça !? et que vous, vous êtes permanent !

— Douze euros, madame.

— Je ne pense pas que c'est en traitant les visiteurs comme vous traitez Modigliani que vous donnerez à la jeunesse le goût de la peinture ! Venez, mes chéris, on s'en va !

— Ça y est j'ai retrouvé les Kandinsky… LES KANDINSKY, je les ai… Et puis merde !

— Cubisme, fauvisme, préraphaélisme, tachisme, fanatisme, c'est vrai qu'on finit par tout mélanger.

— Je suis un peu déçu par les nouvelles salles, pas toi ?

— Forcément, ils ont remis des chefs-d'œuvre.

— Si tu regardes bien, tu verras que Van Gogh a tout piqué à Bruegel.

— Ils étaient voisins, faut dire…

— J'adore celui-là.
— Le tout petit.
— Oui j'en suis folle.
— T'es bizarre, Josiane.

— Moi c'est clair, le Greco me fait chier.
— Comme Mozart ?
— Pareil !

— C'est pas très bien dessiné quand même… !
— C'est son style, chéri.
— Même pour du style, c'est pas bien dessiné.
— C'est une recherche de forme, si tu préfères.
— Franchement, c'est très mal dessiné.
— N'exagère pas, on le voit bien le lapin.
— Tu déconnes ! c'est un lapin !!?
— Attends… non tu as raison c'est un veau…
d'ailleurs le tableau s'appelle *Le Veau*, c'est écrit
là en dessous.
— C'est mal écrit, dis donc !

— Je me demande quand même si derrière tout
ça il n'y a pas Dieu !
— C'est pas con.

— Quand tu dis : "l'art abstrait c'est zéro", tu
veux dire que l'art abstrait est comme le chiffre

zéro, une entité de l'esprit qu'on ne peut se représenter mais qui est indispensable au fonctionnement de la déduction, ou tu veux dire que l'art abstrait est nul ?

— Tu es fatigant, Jean-Paul.

— Gérard, à quoi on reconnaît un chef-d'œuvre ?
— Nous on peut pas.
— Pourquoi ?
— On est visiteurs, chacun son métier.
— Ah OK !

— On ne touche pas, s'il vous plaît !
— Attendez, c'est pas en sucre.
— Non, c'est de la viande.
— La statue, là ?!?
— Oui, de l'entrecôte.
— Ah là, d'accord !
— Tu touches pas à la viande ?
— Pas en ce moment.

— Dis donc, heureusement que Robert se sentait pas bien, tu le vois ici ?
— Il serait mort.

— J'adorerais avoir ça chez moi.
— Oui mais dans l'entrée, alors.

— Les CM1 devant *Le Sacre de Napoléon*, les CM2 devant *Le Radeau de la Méduse* et les sixième devant *Vénus au bain*... J'ai dit devant *Le Radeau de la Méduse* les CM2 !

— Ils ne savent plus faire des rouges aussi lumineux aujourd'hui !
— Les communistes ?
— T'es fatigant, Jean-Paul.

— Où est Martine ?
— Aux toilettes de la peinture italienne.

— Ici je me sens moins américain... tu vois ce que je veux dire ?
— Yes.

— Mozart est mort à trente-sept ans, Chopin est mort à trente-sept ans...
— Raphaël aussi !
— Exact. Qu'est-ce qui est mort à trente-sept ans encore ?
— Le Christ.
— Le Christ, parfaitement.
— C'est un âge difficile pour les artistes.

— Finalement, l'art moderne il est né à Lascaux.
— Et l'art ancien ?
— T'es fatigant, Jean-Paul.

— Avec son air faux cul, en plus…
— Marianne, tu délires !
— Je délire, moi ! C'est toi qui n'as plus ta tête, elle te l'a fait perdre, mon pauvre Pierre.
— Marianne, je t'en supplie…
— Mais ouvre les yeux, ouvre-les ! c'est une garce, ça se voit en un millième de seconde…
— Mais qu'est-ce que tu racontes !!
— Regarde-moi ça, ce petit air méprisant, mais pour qui elle se prend ?
— C'est une des plus belles femmes de…
— Un gros caca oui, rien d'autre !!
— Qu'est-ce qui se passe, les amis ?
— Marianne trouve que *La Joconde*, c'est de la merde.

— Il était pas beau, Louis XIII, tout en rouge.
— C'est son ministre, le cardinal…
— Ah je préfère.

— Tu vois tout d'un coup dès que Fragonard arrive, je respire.

— Excuse-moi, mais ça avait de la gueule !

— On n'est plus au temps des rois, Paul.

— Quand même peindre les présidents de la République sur le trône, je trouve que ça aurait de la gueule.

— Y a la photo aujourd'hui, Paul.

— C'est moins historique.

— Tu veux que je te dise ?

— Vas-y.

— Les impressionnistes ne m'impressionnent pas.

— T'es fatigant, Jean-Paul.

— Baudelaire n'est pas un peintre ?

— Mais non !

— T'es sûr ?

— C'est un écrivain.

— Baudelaire ?

— Evidemment, un grand écrivain même !

— C'est pas lui qui peignait la réalité des âmes ?

— Baudelaire ?

— Oui, Charles Baudelaire.

— Tu me troubles tout d'un coup.

— On aurait dû prendre un guide, Jean-Louis.

— Un guide ? Pour quoi faire ?

— Pour expliquer, je comprends rien.

— Y a pas à comprendre, Josette, y a à ressentir.

— Je ressens pas, ça fait une heure que je ressens pas, c'est long.

— Parce que tu crois qu'un guide ça ressent ?

— Ça raconte, ça apprend au moins.

— Apprendre sans ressentir, merci bien, et pour cent vingt francs en plus ! Excuse-moi mais c'est de l'arnaque.

— De l'arnaque ?

— Bien sûr.

— De l'arnaque dans un musée d'art moderne ?

— Bien sûr.

— Par un guide payé par la ville ?

— Evidemment, mais tu débarques ou quoi, Josette ?! Paul, le cousin de François, était guide, c'est pour te dire !

— Celui qui est en prison ?

— Oui Paul. Avant de tuer sa femme il était guide à Toulouse, au musée de Toulouse.

— Il y a un musée à Toulouse ?

— Oui, un musée romain... ou grec... Non, égyptien, c'est ça égyptien, je me souviens il voulait même cacher le corps de Lucette dans un sarcophage, quelle histoire !... Enfin bref, Paul il apprenait par cœur le prospectus et il le récitait pendant la visite. Le prospectus qu'on distribuait à l'entrée, un prospectus gratuit, et lui Paul pour quatre-vingt-dix francs il le répétait aux gens ! Sans compter le pourboire ! Tu te rends compte l'arnaque !

— A Toulouse ?

— A Toulouse.

— Putain.

— Et crois-moi, les gens qui ressentaient pas, ils les ressentaient pas plus quand Paul avait terminé.

— Ça m'étonnerait, un guide qui va tuer sa femme quand il explique les Egyptiens, il y a quand même une vibration, une onde en plus.

— Tu crois ?

— Bien sûr, un futur assassin qui vous parle c'est comme un héros de Corneille, y a de la tragédie dans sa voix, on est pris, on ressent forcément.

— Je te rappelle qu'il récitait un texte qu'il connaissait par cœur.

— Et alors, les héros de Corneille ils connaissent aussi le texte par cœur, c'est comme le prospectus c'est jamais le héros qui l'écrit…

— C'est vrai.

— Excuse-moi c'est des cons à Toulouse, s'ils font pas la différence entre une visite avec un guide normal et une visite avec un guide qui va étrangler sa femme…

— Je ne connais pas Toulouse.

— Tu ne connais pas Toulouse, en plus !

— Non.

— Tu sais, Jean-Louis, par moments je ne te ressens pas…

— Quand tu penses que Rembrandt était inconnu à son époque !

— Et aujourd'hui, il est connu ?

— T'es fatigant, Jean-Paul.

Paris, janvier 2001.

THÉÂTRE SANS ANIMAUX
de Jean-Michel Ribes
a été créée en août 2001
au Théâtre Tristan-Bernard, à Paris
direction Edy Saiovici

Mise en scène : Jean-Michel Ribes
assisté de : Deborah Banoun
Décors : Jean-Marc Stehlé
assisté d'Arielle Chanty
Costumes : Juliette Chanaud
Musique : Jean-Claude Camors
Chorégraphie : Laura Scozzi
Lumières : Pascal Sautelet

avec

Lionel Abelanski
Annie Gregorio
Sarah Haxaire
Philippe Magnan
Christian Pereira
et en tournée : Philippe Khorsand
Atmen Kelif

Production : Théâtre Tristan-Bernard, Compagnie Jean-Michel
Ribes, Pascal Legros Productions, Viva Production Philippe Bernard, administration : Valérie Bouchez, Béatrice Vignal.

TABLE

BABEL

Extrait du catalogue

Ouvrage réalisé
par l'Atelier graphique Actes Sud.
Achevé d'imprimer
en septembre 2014
par Normandie Roto Impression s.a.s.
61250 Lonrai
sur papier fabriqué à partir de bois provenant
de forêts gérées durablement (www.fsc.org)
pour le compte
d'ACTES SUD
Le Méjan
Place Nina-Berberova
13200 Arles.

Dépôt légal
1re édition : mars 2004
N° d'impression : 14-03635
(Imprimé en France)